MESMERISM

メスメリズム

—磁気的セラピー—

フランツ・アントン・メスマー 著

(1779)

ギルバート・フランカウ 編

(1948)

広本勝也 訳

鳥影社

MESMERISM

by

DOCTOR MESMER

(1779)

With an Introductory Monograph

by

GILBERT FRANKAU

(1948)

（フランツ・アントン・メスマーの肖像）

メスメリズム ―磁気的セラピー― 目次

紹介のための序論

ギルバート・フランカウ

紹介のための序論　ギルバート・フランカウ

ロンドンの有名な「精神病院」キャンバウェル・ハウスの病院長で、よく知られた愛書家、故ヒューバート・J・ノーマン博士の招待で同病院を訪れたとき、私は彼の個人的な蔵書から一冊の本を借りた。一七七九年ジュネーヴで印刷され、六月ドーフィンの出版印刷業者ピエール＝フランソワ・ディドー二世によってパリで出版されたメスマー著『動物磁気の発見に関する覚書』（*Mémoire sur la Découverte du Magnétisme Animal*）の原本である。私はこの頃『マイケルの妻』という小説を執筆するのに必要な調査のために長々と日時を費やしていたが、これを中断することにした。私の発見したものが医学的かつ歴史的に重要なことだと認識し、大英博物館に問い合わせたところ、まだ英語に翻訳されていないことが分かった。

　同書の翻訳を自分で引き受けようという門外漢の虚栄心を抱きながら、結局、この仕事は専門家の助けなしにはなし得ないと判断した。が、幸いにもベルリッツ語学学校の校長V・R・マイヤーズ（V. R. Myers）氏の援助を得ることができた。ドイツ系の思考のオーストリア人によって書かれ、おそらくスイスの校閲者によって推敲された一八世紀のフランス語が、ごく普通のことばの意味を急速に変化させたことを考えると、同氏の解読はきわめて称賛に値するものである。言語の変遷の簡単な例の一つは、我々の英語の形容詞"dumb"であり、今では"muteness"（無言）よりも「愚かさ」を伝えるものとして一般的には理解されている。

　もっと複雑な問題については、五〇頁につけられたマイヤーズ氏の脚注を参照してほしい。(注1)

しかし、形容詞〝mesmeric〟（催眠の）、名詞〝mesmerism〟（動物磁気、催眠術）、動詞〝mesmerise〟（催眠術を掛ける）などは、これらのことばが流通して以来その意味を変えていないが、これは一人の特異な人物に後世が特別に寄与しているからである。

その人物フランツ・アントン・メスマー（Franz Anton Mesmer）は、一七三四年五月二三日オーストリアのイッツナンク地区、コンスタンツ湖畔の小さな村で生まれた。医学の歴史における彼の卓越性を理解するために、魔術のかどで命を奪われたヨーロッパ最後の神経症患者が、スコットランドで焚刑に処せられたのはそのわずか一二年前のことであり、ジャン＝バプティスト・フィアール神父が約一世紀後の著書で、メスマーをカリオストロと共に悪魔崇拝者として同じ範疇に入れたことを想起するのは適切である。歴史的な文脈におけるこのような資料に基づき、メスマーという人物を評価する今日の見解が形成されてきたのだ。

　メスマーの父は地域の司教の管轄下で、森林部門の所長としてかなり恵まれた社会的地位を占めていた。Ｏ・Ｅ・ドイチェ教授のおかげで私はこれら多くの情報を得た。また、フリッツ・シュラー＝ヴァルトハイム博士からお借りしたのは、同博士がウィーンで私家版として出版されたもので、メスマーの生涯に関する貴重な稀覯本（一九三〇）であり、聖職者になった兄ヨハンのことが記されている。その他の子どもたちは姉妹だった。

　メスマーも聖職者を志望し、おそらく一五歳まで修道会系の学校に通った。それからバヴァリア、ディリンゲンのイエズス会の大学で学んだ。さらにインゴールシュタット大学へ行き、そこで最終的に教会は自分に向いていないと判断した。「どの大学で彼が哲学の学士号を取得したかは不明だ」とシュラー＝ヴァルトハイムは私に語った。一七五九年、彼は法律専攻の学生としてウィーン大学に入った。が、まもなく法律を止めて医学に鞍替えし、一七六五年一一月二〇日、最終試験に合格したのは、女帝マリア・テレジアの子だくさんの夫フランシスの死後三カ月のことであり、一七人の子どもたちの一人がマリー・アントアネットだった。

　一七六六年五月二七日、三二歳になったばかりのメスマーは「惑星の影響について」（*Disputatio de Planetarum Influxu*）と題する論文《ペーパー》を口頭で発表し、審査委員会は彼に博士号の学位を授けた。このことにつき、彼は『動物磁気の発見に関する覚書』（一七七九）のなかで、「学位論文」と呼ばれるものに言及し、それ以後「学位論文」（The Dissertation）と呼んでいるが、これは適切に使用された学術用語である。その後彼によれば、この論文には「人体への」（*in corpus humanum*）ということばが付け加えられ、彼の有名な二七の命題の萌芽となるものを含んでおり、動物磁気については「学位論文」にも記されている。

これらの命題に若干誤謬が含まれているとしても、神経系統の求心的および遠心的な要素についての、今日の知識の幾つかの前触れになっている可能性がある、と私には思える。さらにこれらが、当初「(夢遊病的な)催眠学」(somnambulism)と呼ばれたものから、一八四〇年代にスコットランドの医師ジェイムズ・ブレイド(James Braid)の造ったことば「催眠学」(hypnotism)に到る道を開いたことには疑いの余地がない。この事実から、メスマーが近代の心理療法(psychotherapy)の父とみなされるに値する、と私は考える。ジェイムズ・ブレイドが「二重の意識」という概念を定式化した最初の医療従事者だっただけでなく、アンブロワーズ＝オーギュスト・リエボー(Ambroise-Auguste Liébault)がナンシーに自分のクリニックを創設すると決めたのは、ヴェルポーが「ブレイディズム」に関する論文を発表するのを聞いた正しくその後だったからである。リエボーに学んだ逸材ヒポライト・ベルネーム（Hippolyte Bernheim）や、サルペトリエールで誤った指導を受けた病理学者ジャン＝マルタン・シャルコー（Jean-Martin Charcot）の同時的な研究を通じて、催眠学のもとでの「ブレイド的な実験」、すなわち今もなお心理的治療を支配している全体的な概念であるところのフロイト理論の出発点に到るのは、医学史の中でナンシー学派のクリニックがあと一歩を画していたのである。

今日の心霊主義（スピリチュアリズム）も、霊媒の存在に基づくならば幾分メスマーに負うところがある。そして、クリスチャン・サイエンス教会もそうである。同教会は一八七五年、マサチューセッツ州ボストンのフィニアス・パークハースト・クインビー（Phineas Parkhurst Quimby）の施術による治療のあと、初めてメアリー・ベイカー・エディー（Mary Baker Eddy）によって設立された。

このような見解にクリスチャン・サイエンスの信者が反対するとは思えないし、またこのような考えが、今は亡きシュテファン・ツヴァイクの見方を全面的に支持するものでもない、と読者に想像してもらえると思う。ツヴァイクは『精神による治療』（*Mental Healers*, 1932）のなかで、エディー夫人の『科学と健康』（*Science and Health*）の初版が、後に動物磁気の悪影響から守るための女性のベルトを書き入れたとはいえ、主にクインビーへの称賛だと主張したのだった。ツヴァイクが想像力で適度に真実を潤色したことは、同書の別の箇所でも分かる。そこで彼はほとんど小説家的な長広舌で、メスマーがその最初の示唆を受けたのは、イエズス会のマクシミリアン・ヘル神父（Father Maximilian Hell）のおかげだという見解を述べているが、これは後に述べることで分かるように、明らかに論破される俗説なのだ。しかし、エディー夫人が完全な身体的健康を回復する前に、クインビーによる治療を受け、クインビーが動物磁気の施術者たることを自認していたことは事実である。

件《くだん》の論文の著者メスマーが磁石に内在するかもしれないという神秘的な属性について考察した最初の人物——偶像破壊的なパラケルスス（一四九三—一五四一）やヤン・ファン・ヘルモント（一五七七—一六四四）に負うところがあるか、あるいは彼が精通していたとされる『強力な想像力の交流』（*Communication des Imaginations fortes*）の著者ニコラ・ド・マルブランシュの影響を受けたか、あるいはまた一六二八年アイルランドのアファンに生まれ、王政復古期のロンドンで多くの「奇跡的な」治療を施した施術者で「腕のいい医者」（Stroking Doctor）と称されたヴァレンタイン・グレイトレイクス（Valentine Greatrakes）について聞き及んでいたかどうかなどは、マーガレット・ゴールドスミス（Margaret Goldsmith）の『メスマー——ある観念の歴史』(一九三四)を読んで提起される興味深い推測である。(注2) 私はこの本の恩恵を受けているところが多いが、その著者が過誤の一つ、ヘル神父の逸話を流布させてしまったことについては、いつか訂正できるものと私は信じている。

しかし、こうした推測は私の論文の範囲を超えており、金持ちの「家系のよい」未亡人マリーア・アンナ・フォン・ポッシュ(ボッシュとも記される)との結婚が、メスマーの生涯にどの程度影響を与えたかについては、読者の想像に委ねられる。メスマーの命題がどれほど意表を衝く奇異なものであれ、彼が実に誠実な臨床医だったというそのことは歴史が証明しているが、彼女との結婚はメスマーの人格的な誠実さの証拠の一つとして考慮されてもよいはずである。結婚は一七六八年一月一〇日、メスマーが学位を取ったおよそ二年後に行われ、それで彼は経済的な心配がなくなり、ウィーンの上流社交界に出入りすることができるようになった(学位論文に記されているフォン・シュテルクは、結婚の登録に署名した一人だった）。

もちろんこのようなことは、あくまでも状況証拠である。メスマーが神経の病気（マーガレット・ゴールドスミスは彼が、それ以外の病気を治したとは言っていないという）を治すことができ、実際に完全な治療を施したという彼の主張を裏付けるものがなければ、彼に対してたえず向けられるいんちき治療だという非難を退けるのは難しいであろう。しかし、彼が治療を始めた日から家を離れて旅先を転々とするに到るまで、素人および専門医による治療の成功に関する個別の証言は多い。その中には、一七八〇年三月一七日付のヴォルフガング・モーツァルトによるウィーンからの手紙もある。「エスタリン」（実際はフランツィスカ・フォン・エスタリンク）という名前の二〇歳ぐらいの若い女性についてであるが、まさしく彼女の症例で、メスマーの学位論文が始まるのだ。モーツァルトはこう書いている。

「私はこの手紙を書いている。が、どこかというと、ラントシュトラーセ二番地のメスマー邸の庭なのだ。優雅な貴婦人（メスマー夫人は夫よりもわずか一〇歳年上で、四六歳ということになる）は留守だが、以前フランツル嬢［フランツィスカ嬢］と呼ばれ、いまフォン・ブッシュ夫人になった人（彼女はメスマーの継息子と結婚した）は在宅で、あなたと私の妹に限りなく敬意を表するように命じたが、いまもそうするように命じている。いいかい、誓っていうが、彼女があんなに大柄で肥満しているとは思わなかった。彼女には子どもが三人いる。娘二人と息子一人だ。長女はナナールと呼ばれていて四歳だが、間違いなく六歳に見える。息子は三歳だが七歳に見える。生後九カ月の赤ん坊は二歳に見えること間違いなしだ。これらの子どもたちは皆、とても元気で丈夫に育っている」。

明らかに若きモーツァルトは、メスマーに一片の恩義を感じていた。メスマーはモーツァルトの父レオポルトの信頼できる友人であり、作曲家グルックやハイドンとも面識があって、グラス＝ハーモニカという楽器のひとかどの奏者だった（この楽器はデイヴィスと呼ばれる女性など、二人のイギリス人がウィーンで初めて演奏した）。アルフレッド・ローエンベルクは『音楽と手紙』（一九四四年七月）の中でオペラ「バスティアンとバスティエンヌ」に関して、第一次資料がないと学術論文のなかで強調しているが、その事実にもかかわらず、モーツァルトのオペラの最初の試みである作品の初めての演奏が、一七六八年、当時上流の医師メスマーのウィーン風庭園で開催されたという報告には信頼してもよい根拠がある。しかし、その恩義がどれほどのものであれ、また、メスマーが「バスティアンとバスティエンヌ」の作曲を依頼したことが事実だとして、メスマーの名前が言及される栄誉を得た「コジ・ファン・トゥッテ」の歌詞で、「『磁気化』は二度の疑似的な自殺のあと復活した」などというメスマー理論への軽い冗談があるとはいえ、その作曲者が、自分の父親にあえて虚偽を記すことによって、一二年におよぶ恩義を返そうと試みたなどと考えられるだろうか。このような根拠のない思い付きは、もっと早い時期一七七三年八月一二日付のモーツァルトの手紙で覆される。「フランツル嬢は、またもや死の淵にある」。

さらにその上、モーツァルトの手紙よりも、心理療法医としてのメスマーの能力を確信させると私には思えるのは、もっとよく知られているもう一人の患者、ミス・パラディースの父親による証言である（メスマーの原本に多くのページを割いて記されているこの証言を、私は「付記」として書き写し印刷した）。メスマーの学位論文には、ミス・パラディースの病歴が詳細に記録されている。「この患者を治したとメスマーは主張しているが、結局、彼女がパリに連れてこられたとき、まだ盲目の状態だったのだから、治癒が不成功だったという生きた証拠になる」という見方についても、はなはだ疑わしいと私は思う。現代の知識に照らして、ピアニスト兼歌手の少女ミス・パラディースは「完全な黒内障」（視覚的神経における視力喪失）ではなく、「心因性の黒内障」（潜在意識に支配された盲目）であることはほぼ明らかであり、彼女の年金も世間の注目も、彼女の目が見えないことに依存していたのである。

同じ観点から、さらに明白に思えるのは次のような事実である。「デスターウォールト氏を悩ませていた四肢の麻痺に伴う不完全黒内障」が、生得のものではなく心因性のものだったに違いないのであり、このことは実際、メスマーの脚注で言及されている「磁気で治癒される症例集大成」に記されている。(注3)

この「集大成」や（アルトナの医師J・C・インサー宛ての）一七七五年一月五日付の手紙は、同「集大成」の著者メスマーがいかさま師ではないという証拠となるのだが、残念ながら両方ともいま私の手元にはない。だが、彼が自分自身の「命題」を科学的真理として信じていたということは間違いない。さらなる証拠は、有名な祓魔師ヨハン・ガースナーについて、「聖職者、善き信仰の持ち主だが、熱心すぎる男」であり「大自然の道具に過ぎない」(注4)とメスマーが語っていることでも分かる。

たぶん不滅の霊魂(サイキ)、および明らかに死を免れぬ神経細胞(ニューロン)との合成語で謬見に基づくことば——精神神経症(サイコニューローシス)として今では知られるものを、動物磁気の発見者メスマーが実際に治癒したという完全な証拠を求めるならば、「老齢とアルコール中毒のあらゆる兆候」を示している「一般的な麻痺」症状の「五〇歳の」無名の患者についての臨床例(注5)を参照してほしい。というのも、メスマーのもう一人のイギリスの伝記作家R・B・インス氏(私見では書名が『三人の有名な神秘家たち』となっているのは残念だが)の研究のおかげで、あの特別な患者チャールズ・デュ・フッセー――セイント・ルイス王立軍、歩兵・勲爵士部隊少佐（ラファイエット米国遠征隊で戦争神経症の士官？）の公の宣誓陳述を引用することができるからである。

「ほかの医者たちの四年間の無駄な実験の後で、私はメスマー氏の診察を受けた。私の顔は絶えず揺れ動き、首は前屈みになっていた。私の眼は突き出ていて、ひどく充血していた。私の舌はほとんど麻痺していた。話すのもやっとのことだった。理由もなく私は不意に笑い出すことがあった。私の頬と鼻は赤らんだ紫色で息苦しかった。両方の肩の間に痛みがあり、たえず震えていた。歩く時にはよろよろした」。

これらの症状があったことを告げた後、デュ・フッセーはメスマー的な分利《クリーズ》（発作的急変）について詳細に述べている。「私の四肢から氷状のものが出ると、今度はひどい高熱となり、悪臭を放つ汗が流れた」。メスマー医師の治療の最初の一カ月に、これら幾つかのことが起こったようである。「四カ月を経た今では、完全に治った」。

ここでも私は譲歩することを厭わない。治ったといっても、再発したかもしれない。しかしながら、私はこの現存の証拠から、メスマーが精神神経医として、並々ならぬ能力を有していたに違いないことを示していると推測する。そして証拠はすべて一層明白なように思える。というのも、多くの中世の祓魔師は一連の「悪魔祓い」の後に、「悪臭を放つ汗」という同じような症状を経験し観察し記録しているからだ。にもかかわらず、同じく明白なのはメスマーがその生涯を通じて、自分の能力の主な源泉――それが催眠学的な暗示療法であることはほぼ確実と思えるが、催眠学以前および以後の施術について認識していなかったという事実である。パリで売りに出された彼の学位論文の出現と軌を一にして、彼が高い評価を得るようになったのは、ルイ一五世を継いだルイ一六世による王位継承の五年後、ヴォルテールおよび神経症的なジャン＝ジャック・ルソーの死の一年後、バスチーユの無力な降伏の一〇年前のことである。

私は歴史的な背景を強調した。当時、まだヨーロッパの科学の中心だったウィーンで、メスマーが被った後退として自ら認める事態から逃れてパリにやって来たが、そこは早くも知的な醗酵が見られ、それゆえ新しい医学的な考えを移植するための完璧な苗床だった。アダム・ヴァイスハウプトとその盟友によって設立されたあの奇怪な秘密結社イルミナティは、一七七七年そこで活動を開始したのだった。メスマーの最も顕著な支持者ドクター・シャルル・デルソン――後にフランスのシャルル一〇世になり、ホリーロードに退位し、オーストリアで亡くなった国王の一番年下の弟ダルトワ伯の医師が、その秘密結社に関与していたことは証明できないが、あり得ることである。しかしこれは憶測であり、私の論稿の域を超えている。

実際、動物磁気を信じることにかけては、メスマー自身と同じくらい完璧なデュ・フッセー、デスロン、そのほかかなりの数の有力な支持者たちの治療に劣らないほど、心身症以外の様々な他の治療でも成功を収め、メスマーはやがてパリの熱狂的な注目を集めた。そして、多くの人々はファッションの中心地ヴァンドーム広場に設立した診療所に、神経症、痛風、倦怠などに悩んで診察を求めるとか、あるいは単なる好奇心で訪れるとか——人知れず思案してどうするかを決めるのだった。

この贅沢な家具調度をしつらえた、豪華な厚手のカーテンやふかふかのカーペットの診療所について、特に人々の注目を集めたのはかの有名な「磁気桶《バケー》」(baquet)と呼ばれる巨大な木桶であり、鉄屑のような磁気化された物質を含む水で満たされていた。この診療所はグループ・セラピーや集団催眠の施術のためのまさしく先駆けであり、神秘的な音楽に合わせて登場するメスマーは「鉄の」権杖を装備し、「磁気抵抗」の儀式的な衣服をまとっていた。患者たちは桶のまわりで、桶から突き出た「伝導性の」鉄の棒をつかみ、お互いの手を取り合って、心霊術式のテーブル傾転現象の磁気をお互いに伝達した。

マーガレット・ゴールドスミスは述べている。(注6)磁気桶は、一七七五年以来、「磁気化された」樹木や池などと共に使われてきた。無知な人々には、これは電気的なエネルギーの源泉とみなされたようである。しかし、メスマーの論文では、磁石の使用と不使用とを分類してこう述べている。「このような誤謬を論破し、真実を正当に扱いたいという欲求のために、私は一七七六年以降、もはや電気や磁石の使用をきっぱりと止めることにした」。メスマー自身この磁気桶が、「命題一七」に記載されたある種の貯蔵桶だと信じていたことは明らかである。「この磁気的な属性は蓄えられ、凝縮されて、移送されることがある」。

彼の診療所が惜しみなくしつらえた豪華な鏡や音楽の使用は、「命題一五」で説明されている。「これはまさしく光のように、鏡によって強化され反射される」。そして「これは音によって伝達・増幅・強化される」（「命題一六」）。

さらにここで、メスマーの活動の理論的な基礎を取り扱う上で、ラドヤード・キップリング（Rudyard Kipling）による、かなりよく知られている物語に言及せざるを得ない。それは短編集『限界と更新』（*Limits and Renewals*）の最終巻に収められており、「非職業的な」（"Unprofessional"）という表題のもとに、詩作品が続く。読者として乱読を好んだキップリングが、メスマーの「命題」に親炙していたとしても不思議ではない。というのも、「命題」がその物語の正しく台座になっているからだ。もし「命題」について知らなかったとすれば、その偶然の一致は人間の想像力のすべての歴史のなかで、実に驚くべきことである。

デルソンも働いていたメスマーの診療所が引き起こした熱狂のために、ある関係筋の言うように、メスマーの原理の普及のために約束されていた調和協会（The Society of Harmony）が直ちに設立されるに到ったようだ。しかしながら、これが真実かどうかははなはだ疑わしい。銅板で印刷されたあの稀覯書『世界の理論、並びにメスマーの原理による組織体』（*Théorie du Monde et des Êtres organisés selon les principes de M. . .*）は、一九三二年出版社マグズ・オブ・バークレー・スクウェアーが五〇ギニーの値段を付けており、最近私は、ボンド・ストリートの書店ゴールドシュミットにその一冊を見せてもらったが、一七八四年になって初めて出版された。この書の重要なすべての用語には秘密の暗号文字が使われており、別刷りの解読頁なしには判読できない。

このことは一七七九―一七八一年の間の盛んに喧伝されたやり方と異なり、きわめて同協会の教義に即したやり方のように私には思える。

この同じ年一七八一年、当時オーストリア領土内にあったスパ（温泉地）に、メスマーは少数の患者を連れて引っ越したが、後に彼とデルソンは言い争うことになる。

一八二四年に出版されたA・V・アーノルト（A. V. Arnault）著『同時代人の新しい伝記』（*Biographie Nouvelle des Contemporains*）は、初めから終わりまでメスマーをいかさま師として扱っている。（一）デルソンは治療のほとんどすべてが、自分のおかげだと言っている、（二）メスマーの行為は、政府から金銭を引き出すために行われた――とアーノルトは主張している。最初の主張については明らかに疑わしい。デルソンが忠実で、メスマーが気難しかったことは確かである（フロイトとユングの間に生じた関係と、幾分似たような関係を想起せざるを得ない)。二番目の主張はあからさまな虚偽である。

実際に起こったことは、私が権威として仰ぐシュラー＝ヴァルトハイムが提供している章節によると、次のような事情である。

メスマーとデルソンという二人には、医師会全体の反撥が引き起こされた。デルソンはメスマー的な教義を否認しなければ、医師資格の登録者名簿から名前が抹消されると脅されたために、国王の医師ドクター・ド・ラソンに訴えたが無駄だった。その後、一七八一年四月一五日、怒ったメスマーはパリを離れるつもりだと患者たちに告げた。患者の一人ショールネ伯爵夫人は、その知らせをマリー・アントアネットに伝えた。宮内庁の侍従長がメスマーを呼んで、どんな「条件」で留まることができるかについて尋ねた。

メスマーの最初の要求は「認証」だった。もしそれが拒否されるなら、金による取引だけのために留まりたい、という気持ちは彼にはなかった。「メスマーが動物磁気の学校を設立するための二万フランが即金で、さらに毎年一万フランが支払われることになった」とアーノルトは述べているが――。(注7)

メスマーはフランスで巨額の金を貯め込み、(彼自身のことばでは、「ひっきりなしに銀貨が入った」が)、そこを直ちに立ち去って、永住者としては三年間戻ることがなかった。一方この間、彼が妻に再会することはなく――というのは一七九〇年に妻が亡くなったからであるが――、彼女は自分の大半の財産を使い果たしてしまっていた。

これらの事実には、メスマー本来の誠実さが示されていると私は主張したい。彼が不平不満を抱く科学者だったこと、彼が完全に誤解された科学者だったこと――これらは共に異論の余地がないと私は考える。

デルソンは師匠に見捨てられただけでなく、信念を棄てることを拒んだために教授職を奪われたが、パリで闘い続けた。単なる開業医として、彼は別の診療所を開いた。一年後、様々な治療を行い、彼は医師会に調査委員会を立ち上げるように頼んだ。スパでこのことを聞いたメスマーは怒って、医師会に抗議する手紙を書いた。デルソンは単なる門下生であり、動物磁気に関して真実を証言する資格も知識もないのだ、と。

しかし、この頃までに争いは大衝突に発展していた。そして一七八四年三月一二日、ルイ一六世は、大英帝国によって承認されたばかりのアメリカの、新しく任命された大使ベンジャミン・フランクリンを座長とする九名の委員会の開催を命じた。そこに含まれたのは、当時の最も著名な天文学者ジーン・シルヴァン・ベイリー、科学者のラヴァター、その名前が今も付けられている処刑器具ギロチンの考案者で、後にその犠牲にもなった内科医ジョゼフ・ギヨタンなどだった。王立医学協会は構成が十分ではないと抗議し、最初の構成員に加えてさらに四人の委員が任命されて、全部で一三名になった。これら四人のなかには、医師で植物学者のアントワーヌ・ローラン・ド・ジュシューがいたが、五年後に出版された彼の植物研究の大著は、今でも植物分類の基礎になっている。

ベンジャミン・フランクリン宛てに個人的に書かれたメスマーの抗議にもかかわらず、委員たちはデルソンの診療所と患者たちについて聞き取りを行い、その調査について、自分たちの目的に沿う十分なものだと判断した。治療についてのデルソンの方法、およびその成功や失敗に関するその後の彼らの報告は、客観的な公正さの模範なので、「想像力は何でもする。磁気は何事もなし得ない」(注8)と、ド・ジュシューだけが大方の決定に異議を唱えたことには驚かざるを得ない。ここで想起されるのは、一世紀を経て発言されたシャルコーの子どもじみた言明だ。「治癒を引き起こすのは信仰である……」。また、一九二二年にもなって、わが国の砲弾ショックに関する陸軍省の調査委員会が、一九三九年の民間継承者と同じく、フロイトの教えのすべてを退けたのは卑しむべきことであり、その秘密文書の発見を基に、年金省は神経障害にかかわるすべての年金を組織的に拒否しているが、このような幾多の決定が訴訟で覆されているのだ。

ルイ一六世の委員会の報告書に基づき、言うまでもなく二万部のコピーが出版されたが、法律上の訴えはなかった。国王の議会へのメスマーの個人的な嘆願については、受け取りの承認さえもなかった。デルソンの医療助手二一人のなかで、一七人が医師会に呼び出され、医師の資格を失うよりも磁気治療を断念することを選んだ。同志として結束したのは、トマス・オングレー、ルイ・ヴァルニエ、バティースト・ボンフロイ、メスマーが重い病を治したソルボンヌのハーヴィエ、フィラデルフィアのガラー・ド・モンジョイ、オルラ、銀行家コーンマン、リヨン出身の熱血漢の法律家ニコラス・バーガスだった。主にバーガスの斡旋で、同じ一七八四年メスマーは調和協会の支援を受け、もう一度旗頭としてパリに帰還することになった。

この協会の当初の会員たちは主に素人で、四八人を数え、各々一〇〇ルイ金貨の会費を納めた。(注9) この基金がどの程度まで膨らんだかは、想像の域を出ない。五〇〇万フランの巨額が地方での講演旅行で集まったが、メスマーは受け取らず、彼の要望に従って、フランス全土の磁気診療所の設立に献金された、とシュラー＝ヴァルトハイムは伝えている。『新伝記辞典』(*Nouvelle Biographies*) の推定によれば、三四万フランである。また、私がいくらか負うところのあるルイス・スペンスの『オカルティズム百科事典』(*An Encyclopaedia of Occultism*) でも、同じ数字が記載されている。しかしながら、金銭上の問題はこの論稿の主眼点ではない。フランス革命のために四〇万リーブルを失ったという、後年八〇近くになったメスマーの主張には老齢による自慢以上のものがあるとしても――。そして一七八九年以降の彼の人生については、多言を要しない。

同年、彼はフランスからバーデンに逃れた。バーデンからカールスルーエ、そしてそこからウィーンへ。そこではマリー・アントアネットの兄ヨゼフ二世が、メスマーに関して革命家ではないかという疑いを持ち、用心のため二カ月間彼を拘束した。が、一七九八年、彼は敢えてパリに戻ったのである。

現存の身分証明書には次のような記載がある。「年齢六四歳、身長一メートル七六センチ（五フィート一〇インチ半）。髪の毛および眉毛は茶色。眼も同じ。顎――二重。顔――丸い。額――高い。鼻および口――普通」。パリでの約三年間のあと、ヴェルサイユへ移住し、総裁政府との交渉に入り、さらに五年間スイスで過ごしたように思える。最終的に、革命前の政府の債券五〇万フラン相当の補償金として、わずかな年金（三〇〇〇フローリン）[注10]を与えられることになった。

一八〇五年彼はスイスに戻り、コンスタンツ湖の南、フローエンフェルトに住んだ。もはや彼を「忘れられた人」として記述するのは、いささか言い過ぎである。彼はかつてのフランスの同僚からの手紙を受け取り、好奇心のある何人かのスイスやドイツの医師の訪問を受けた。というのも、動物磁気は主に科学者ラヴァターのおかげで、とりわけドイツの様々な州で治療に用いられていたからだ。しかし、彼の抱く独創的な学説は、科学的な真実を誤らせることは決してなかったが、非科学的な前提に固執する科学者たちのために歪曲された。一八一一年の終わり、メスマーはベルリンで彼の方法を実演するようにという、プロシア医師会会長ライル教授の招待を断った。

　一八一二年一月になってようやくメスマーは、正式に認められたライルの代理人カール・クリスチャン・ヴォルファート医師からの最初の手紙を受け取った。同医師の友情と熱意はメスマーの生涯の最後の三年間を輝かせただけでなく、彼の『相互作用の体系』（*System der Wechselwirkungen*）の出版を可能にした。同書は半分フランス語、半分ドイツ語による数多くの覚書から集められ、ヴォルファートによって編集され出版されたもので、メスマーの説く動物磁気の学説の集大成になっている。これが現れたのは一八一四年の終わり頃だった。その数カ月後、一八一五年三月一五日メスマーは永眠した。

　彼が亡くなったのはメーアスブルクで、少年時代に泳いだに違いない湖の北岸だった。彼は近くの村リーデッツヴァイラーのサマーハウス（夏の別荘）から、フォルブルクガッセの住まいに引っ越していた。そして彼の若い友人ユスティヌス・ケルナー（Justinus Kerner）が、一八五六年フランクフルト・アム・マインで出版した著書からメスマーの晩年について多くを知ることができるが、メスマーは微笑みをたたえながら亡くなったと語られている。奇妙なことだ。

さらに奇妙なことは、磁気化されたカナリアの話であり、この小鳥はいつも開け放たれた鳥籠から飛び回っていて、毎朝、メスマーの頭に止まって歌声で彼を起こすのだった。彼が朝食を食べている間、砂糖壺《シュガー・ベイスン》に止まって待ちながら、必要になれば嘴でつついて角砂糖を取り、コーヒー・カップに入れるのである。その話の終わりとして、ケルナーが述べている。「翌朝メスマーは、まだ生きているかのように横たわっていた。が、カナリアが、彼を起こすために飛んでいき、彼の頭に止まることはなかった。小鳥はもはや食べることも歌うこともなく、やがて籠の中で死んでいるのが分かった」。

しかし、私にとってもっと奇妙に思えるのは、医療的な施術に関することである。動物磁気の発見者メスマーが、治療的な価値について最も重視したのは、デュ・フッセーの症例に見られるようなメスマー的な「分利」(crisis)であり、メスマー的な「催眠」(trance)にはあまり価値を見出さなかったのではないか、という印象が私にはある。

このような印象は、おそらく間違っているかもしれない。シュラー＝ヴァルトハイムが、この印象に同意するとは思えない。しかしながら、動物磁気を科学者ラヴァターが信用するようになったのは、自分の妻に対して行った催眠的な性質の実験のおかげだということをシュラー＝ヴァルトハイムは認めている。そして、彼は多くの情報源のリストのなかに、シャストネ・ド・ピュイゼギュール侯爵の科学的な功績を十分に認めているとは言い難いが、『夢遊病、および磁気的行為によって引き起こされる、自然的な夢遊病の状態における人間についての調査研究、経験、並びに生理学的な観察』という同侯爵の著書を挙げている。

同侯爵もその弟マクシマス・ド・ピュイゼギュール伯爵も共に、調和協会の会員だった。治療は一七八四年に始まり、二人は臨床的な施術を行った。フランス革命からナポレオン戦争にかけて、その中の一人は条件反射の研究を続け、パヴロフとの類似性があるとも指摘できる。しかし、シャストネ・ド・ピュイゼギュール侯爵の著書『主に女性の質朴な農民たちに関する実験の物語』（一八一一）は、ソアソン近くの彼の邸宅で磁気化された樹木のまわりで行われた実験に基づく基礎研究であり、調和協会によって上梓されたが、こう言ってよければ、それがメスマー的事業の最後となった。メスマー的な「分利」は忘れられたのも同然であり、メスマー的な「トランス」にどの研究者も興味を集中させた。

まったく誤りというわけではないが、トランスは夢遊病（Sleep-walking）の一形態と考えられ、夢遊病（Somnambulism）という用語となり、ブレイドの著書では『神経催眠学、あるいは動物磁気との関連で考察される神経的睡眠の根本的理由』となって、ほどなく一八四三年以降、催眠術（Hypnotism）と呼ばれるようになった。

一方、早くも一八一九年、メスマーの死後わずか四年、ポルトガルの大修道院長ホセ・クストディィオ・デ・ファリアは、催眠術師と被験者との交感（ラポール）についてのメスマーの理論を発展させた（フロイト理論との類似性が注目される）。さらにそのわずか二年後、フランスの外科医レカミエ医師は、「催眠状態の」患者に初めての外科手術を施したとされる。(注11) 時機を逸して亡くなったアレクサンドル・バートランドが『催眠術概論』（*Traité du*

Somnambulisme）のために集めた資料は、一八二三年に公刊された。さらにバロン・デナン（Baron d'Hénin）という人物による『新しい伝記』（*Nouvelle Biographie*）は、メスマー、ピュイゼギュール、ヨハン・ガスナー、ヴァレンタイン・グレイトレイクスなど、メスマーの継承者として足跡を残した人々すべてについて、努力を惜しまず記載しながら、「空想の浪費家たち」（Phantasiécousiastes）として一括している。この造語はアクサンテギュが必要であり、英語では"imaginationmongers"となって、本来はハイフンを必要とするであろう。さらに近来の意見として、どのようなものがあるかについて見ておくことにしたい。

一九世紀初期には、催眠術師による治療がかなり盛んになり、イギリスでは一九四一年まで行われた。そして、主にこの現象の特徴を調査するために、フランス医師会はさらに二度にわたって調査委員会を任命した。最初は一八二五年――たまたまこの年には、メスマーの代理の後援者アルトア伯が兄ルイ一八世の後を継いでシャルル一〇世になった年でもある。

最初の調査委員会は、シャルル一〇世がホリールードへ退位する一八三一年まで会議を開催した。その報告書はバートランドの意見を除き、大体は好意的だった。が、医師会は直ちにこれを否認し、これが印刷されることを拒んで、あらかじめ望ましい結果が得られるように二度目の委員会を任命した。議長は、あらゆる種類のメスマー的治療に反対することを公言していた。

その数年後一八三七年、医師会のアウデ医師は、催眠術を施されて苦痛なく抜歯された臨床例を目撃したと証言した。画期的な出来事だが、この施術者は自己宣伝のために、危うく職業上の問題を引き起こすところだったのではないか、と一九四六年の編集子である私には思える。そして一八三八年、ジョン・

エリオットソン医師は、「医学的に疑わしい」粗野な講義をし、実際に療術を施したためにロンドン大学を解雇された。医学史の中で、光栄にも彼の名前は、同じような施術を行ったカルカッタのジェイムズ・エズデイル医師の名前と関連づけられている。彼らは共に、患者を催眠状態にして手術したが、医学雑誌『ランセット』（*The Lancet*）は、ジェイムズ・ブレイドのメスメリズムについての『神経催眠術』（*Neurohypnology*）出版の少し前に、これを詐欺的行為とみなし、「粗野なインチキ」という烙印を押したのである。

ブレイドには様々な錯覚の症状があり、その言説には疑わしいところもある。とりわけ、催眠状態の患者の頭蓋骨のある部分を撫ぜることで、心理的・生理的な変化を生じさせることができるというのである（この過程は、フレノ＝マグネティズムと呼ばれた）。ブレイドは自分の発見の一つとして、「催眠」（ヒプノーシス）が、患者の注意を引き付ける簡単な方法で誘導されるとも言っている。信じ難いところもあるが、きわめて学問的で医学的に厳密な医療従事者にとっても、メスマー的な催眠がその原因はどうであれ、インチキなどということはあり得ない。催眠的な状態は、疑いの余地のない事実として確立されている。

しかしながら、この催眠状態の原因は不明確だった。一八四三年には、二つの英語の定期刊行物――『ゾイスト』（*The Zoist*）および『フレノ＝マグネット』（*The Phreno-Magnet*）が、ブレイド主義の方針のもとに、スペンサー・T・ホールの編集で刊行が開始されたが、まだ数多くの「流体理論」（fluidic theory）の信奉者がいた。これらの中でも著名なのは、ドイツの植物学者カール・フォン・ライヘンバッハ（Carl von Reichenbach）であり、千里眼を含む様々な手段を用いて、「流体」（fluid）の存在を証明したと主張し、これを「オドの力」（odylic force）と命名した。

オドの力はまもなくフレノ＝マグネティズムと同じ過程をたどり、「頭相」（bumps）についてのヨハン・ガースパー・シュプアッハイム（Johann Gaspar Spurzheim）の著述から得られたもの、およびフランツ・ヨーゼフ・ガル（Franz Joseph Gall）の『頭脳の生理学』（*Physiology of the Brain*）との混成的な催眠術へ到る。これらは共に一九世紀初頭の一〇年間に遡るが、支持しがたい種類のものである。しかしながら、『ゾイスト』は一八五五年まで出版を継続させた。この時までにジェームズ・ロビンソン（James Robinson）の『外科手術における痛みを防ぐための、気化エーテルの吸入に関する論文』（*Treatise on the Inhalation of the Vapour of Ether for the Prevention of Pain in Surgical Operations*）が、ボストンのビギロー医師（Dr Bigelow）によって麻酔の発見として報じられ、英語によるこの最初の本は、八年間売りに出されていた。

外科的な手段としては、今や催眠術は過去の遺物（vieux jeu）となった。催眠術が医学的な手段になり得るだろうか――もう一度、医学界の関係者たちは激しい非難の「否」を浴びせかけた。すべての西洋諸国の学者たちは叫んだ。「メスマー主義、催眠術、動物磁気などは、呪術師や藪医者に任せておけ。これらは霊媒者スラッジ氏（Mr Sludge the Medium）にだまされるようなかもに任せておけ」と。それで最初のうちは、後にスラッジ派の最も熱心な研究員となるイポリト・ベルネーム（Hippolyte Bernheim）でさえ、リエボー（A. A. Liébault）の反論を信じなかった。

リエボーは一八六〇年、フランスのナンシーに診療所を開設した。一八八四年、科学的心理学への最も重要な貢献となるベルネームの『暗示について』（*De la Suggestion*）が現れ、関係する医師たちを二つの学派に分裂させた。

メスマーの本来の学派は、まだ動物磁気の修正形態を教義としていた。彼らはことばの遣り取りを信じていて、私の若い頃には、ミュージックホールの喜劇役者たちによって、語頭の"in"を省く「感応」('fluence)と名付けたことば遊びが行われた。修正的動物磁気への執着は強く、アルバート・モール(Albert Moll)ほどの催眠術の権威も、大真面目にこの学説について論じている。

「オーバースサイマー(Oberstheimer)は述べている。オーストリアでは、法律は蹄鉄を取り付けるために軍馬に催眠術を掛けることを要求する。この過程はバラッサという陸軍士官によって導入され、このためこれは馬の『バラシエレン』と名付けられて、いまでは定着している」。

二番目の学派は、パリのサルペトリエール病院のジャン＝マルタン・シャルコー医師の学派であり、その調査研究のために終身雇用された数人の被験者たちに限定し、彼らに催眠術を掛けた。彼らは霊媒に似た媒体として分類されてよいのかもしれず、一八八〇年代にも、まだ磁気での実験が行われたと言われている。しかしながら最後の学派は、メスマー的なトランスが純粋に病理学的なものであり、主に病的な状態だと決めつけて、ナンシー学派と全面的に対決した。が、これはブレスラウのルドルフ・ハイデンハイン（Rudolf Heidenhain）に論破され、ベルネームによって完膚なきまでに打ち負かされた。

「暗示療法」の教義の全体は、主にベルネームとハイデンハインに拠るところが多い。この療法の幾つかは、故クエ（Émile Coué）教授によってすぐれた効果があるものとして、また疑いの余地のないものとして実証された。

しかしながら、我々が近代の心理的セラピーにおけるダーウィン的な転換を負うのは、部分的にはシャルコーであり、彼の下で学んだのがジークムント・フロイトである。彼の理論の幾つかを疑問視するとしても、この人物の医学的・歴史的な重要性を否定することはできない。

フロイトもまたウィーンの出身であり、メスマー的な系譜のなかに直接的に位置づけられる、と私は考える。このような考えを最終的に支えるものとして、シカゴで出版された一つの本を挙げておきたい。それは心理分析という用語の発案者が、人間精神の意識的な要素と無意識的な要素という概念を定式化するまでより一〇年も前に出されたものである。

その出版の日付は一八九三年で、著者はトーマス・ジェイ・ハドソン（Thomas Jay Hudson）である。タイトル・ページには、『心霊現象の法則――作業仮説』（*The Law of Psychic Phenomena, a Working Hypothesis*）とある。

簡単に言えばハドソンの仮説では、「私たちは二つの精神を所有している。一つは帰納的な推論の過程に開かれており、他方はそれに対して完全に閉ざされている」のである。この仮説はセラピーの歴史をつなぐ連鎖の中の一つの環になっている、と私は考える。それはあたかも、三世紀にわたる橋の中心的なアーチであり、この長い道路を越えて遡ると、医学史は麻酔分析（催眠状態が薬物によって引き起こされる療法）や一九四八年の心理療法士によって行われた電気衝撃療法（ミス・パラディースもこの療法の被験者となったことが、メスマーの論文に記されている）から、今では廃れたフロイトの心理分析、同じように過去のものとなったベルネームの暗示療法を経て、エリオットソン、エスデイル、ブレイドへと到る。そして、ブレイドからここに収めた論文の著者メスマーへとまっすぐに遡行するのだ、と私は主張したい。メスマーの手によって、一八世紀のヨーロッパで医学の松明に再び火がともされたが、これはいわゆる異教徒の間で幾分知られていた医術であり、何世紀にもわたって東洋ではたえず行われてきた医学である。

最後に繰り返すが、私は門外漢であるが、職業上の自負心から不十分ながらペンを執った。書き進むペンはなめらかだった。しかし、これは医学史の専門的な著述に条件づけられたものではない。そこで私はこの論稿が、さらに入念に豊富化されることを願い、より知識の深い、たぶんより客観的な記述のできる著作家に委ねることにしたい。

それまでの間、メスマー自身に語ってもらうことにしよう。

ロンドン
一九四八年七月

ギルバート・フランカウ

【注】

（注1）フランカウ英訳原書、五〇頁。本書・日本語訳、メスマー原注5参照。
（注2）一九四七年ノラ・ウィデンブルック著『メスマー博士』の刊行まで、マーガレット・ゴールドスミスの同書は、唯一の本格的な英語によるメスマー論だった。島国イギリスの閉鎖的《インシュラー》な性格を示していると言うべきか。
（注3）フランカウ英訳原書、四四頁。本書・原注2参照。
（注4）フランカウ同書、四三頁参照。
（注5）同書、五二頁参照。
（注6）この現象は、一八五〇年代初期パリで「発見され」大流行した。
（注7）リーブルという語は誤解を招く。当時の貨幣単位ではフランである。
（注8）「接触」や「模倣」も「治療に関連する」一連の現象の原因になるとされた。

（注9）一金貨＝二四リーブルまたはフラン。

（注10）フローリンはオランダのギルダー銀貨で、イギリスの二シリングに相当、当時の国際通貨単位だった。

（注11）一七九七年という早い時期に、デュボア氏という人物が催眠術の下で、無痛の胸部手術を行ったという証拠がある。

動物磁気の発見に関する覚書

フランツ・アントン・メスマー

MÉMOIRE

SUR LA DÉCOUVERTE

DU

MAGNÉTISME

ANIMAL;

Par M. MESMER, *Docteur en Médecine de la Faculté de Vienne.*

A GENEVE;

Et se trouve

A PARIS,

Chez P. FR. DIDOT le jeune, Libraire-Imprimeur de MONSIEUR, quai des Augustins.

M. DCC. LXXIX.

（原書の中扉）

読者への序文

かくも長い間待ち望まれてきた、神経に作用する原則についての発見はあらゆる人々にとって興味のあるものであろう。今まで試みられてきたが、ほとんど成功しなかった病気を治癒する手段を提供することで、人々の知識を増やし、彼らを幸福にするという二重の目的がそこにはある。このシステムの利点並びに特徴は、数年前、私の提示した最初の希望を把握したいという熱心な大衆に応えることだった。しかしながら、嫉み・憶測・不信などによって歪められ、ごく短い時間の経過と共にそれが幻影の状態に貶められて、忘却の淵へと落ち込むことになった。

私は途方もないほど多くの事実によって、再生を試みたが無駄だった。けだし偏見が優り、真実が葬られることもある。しかし、この発見が構成するものが何であるか、いかにしてそれを獲得したか、その利点を形成する思考が何であるか、それによって市民同胞をいままで豊かにしなかったのはどうしてなのか——などについて、今日ここで明らかにしたい。私のパリ滞在以来、新しい疑問を取り上げるのに十分な資格のある人々によって私に向けられたのはそのような質問だった。

私がこの論文を出版するのは、説得力のある回答をすることが目的であり、私が提案する体系の一般的な考えを提示し、この体系があれこれ言われている誤解からそれを解き放つことであって、本来知られるはずだったこの体系の支障となった過程について明らかにすることである。これは私が示す方法の実際的な法則を示唆することができるようになり次第、私が伝えようとする理論のほんの先駆けに過ぎない。

それゆえ読者にはこのような観点から、このささやかな著述を考察されるようにお願いしたい。多くの困難が生じることは分かっているが、経験の助けなしに推論を重ねることで解決する性質のものではないことを忘れないでいただきたい。

経験のみが疑念の雲を晴らし、この重要な真理に光を投げかける。すなわち、自然は癒しと人間を守る普遍的な手段を与えるのである。

動物磁気の発見に関する覚書

人間は生来本質的に観察者である。生まれてからこの方人間の唯一の仕事は、自分の諸器官についての使い方を学ぶために観察することである。例えば、もし観察が可能となるわずかな変化にも、自然が人間に注意を向けさせなければ、眼はなんの役にも立たない。人間が光やその相異なる度合いの存在について学ぶのは、享受と喪失の交替の効果による。しかし、人は他の諸器官の印象を比較・結合し、一方を他方によって修正することを学ばなければ、事物の奥行、大きさ、形態について無知のままである。したがって大半の感覚は、自分の諸器官に集められた印象の省察の結果なのだ。

かくて人間はその早い時期に、自分の感覚を敏速で正しい使用を習得することに費やす。人が自然から与えられた観察の才能は自己形成を可能とし、その能力の完成は多かれ少なかれ絶えざる適用にかかっている。

人間の前に相次いで現れる数限りない事物の中で、人間が主にその注意を向けるのは、何らかの特別の理由により関心を抱くものに対してである。

自然が各個人にあまねく絶えず生じる効果について観察することは、哲学の排他的な領域に限られるものではない。普遍的な興味が、ほとんどすべての個人を観察者にする。これらの観察は各年齢や各場所によって多様化するが、その実在性に関しては観察以上に望むべきものは何もない。

以前に獲得された知識を完全なものとするために、飽くことなき知識への渇望と共に、人間の精神活動はあいまいで、しばしば移り気な憶測によって観察に取って代わり観察を放棄する。そうすると、謎めいた抽象という利点しか存在しない体系が形成され蓄積される。そのため徐々に真実から遠ざかり、ついには真実をまったく見失うほどになって、そのかわり無知蒙昧を作り上げる。このようにして歪曲された人間の知識は、それが最初持っていた実在性のかけらさえも失くしてしまう。

哲学はしばしば誤謬や偏見から、自己を解き放つために努力する。しかし、これらの構築物をあまりにも力強く覆そうとするので、その廃墟を軽蔑で覆い隠してしまい、そこに含まれる貴重なものへの注意を払わずに終えてしまう。

異なった民族の間で、同一の意見でありながら人間の精神にとってきわめて不利となる、不名誉な形態で保持されているために、これらの意見が同一の形態で構築されるのは難しいと思えることがある。

理性の歪曲と逸脱は多くの民族に打ち勝とうとし、私たちが今日見るような明らかに不合理でばかげた体系を一般に押しつけようとしたが無駄だった。真実のみが、そして一般的な関心のみが、これらの相異なる意見に普遍的な性質を与えるべきだった。

しかしながら、それゆえその原則が人間の心に根差していない、あらゆる時代の卑俗な意見のなかにも、いかに愚かしく突飛であるように見えても、本来真実のかけらと認められるものがわずかではあるが残っている、と考えてよいのかもしれない。

このようなことが一般的には知識についての、また特殊的には私たちの住む天体の影響の教義の運命についての私の省察である。こうした省察の結果、無知のためにかくも貶められた科学の廃墟のなかで、私は有益なものや真実を含むかもしれないものを探求するに到った。

この課題に関する私の考えに従って、私は一七六六年ウィーンで、人体への天体の影響に関する論文を出版した。普遍的な牽引のよく知られている法則に従うとすれば、それは以下の観察によって確認されている。この観察は、いかに惑星がその軌道において互いに影響し合い、またいかに太陽や月が、我々の地球や大気圏における海洋の潮流を引き起こし、支配するかについて私たちに教えてくれる。さらに私はこれらの天体が、生気ある身体を構成しようとするあらゆる部分、とりわけ神経組織に、すべてに浸透する液体によって直接的な活動を及ぼすことを主張した。私が着目したのは、引力、結合、弾性、被刺激性、電流など、物質および有機体のさまざまな属性の**強化および緩和**による活動だった。

引力に関して潮の干満と呼ばれ認められている現象が、海の中で交互に引き起こされることがあるように、件の属性の**強化および緩和**が同じ原理を被るならば、生気ある有機体に海の中で持続される特徴に似た交互の効果を引き起こす、と私は主張した。このような考察によって、動物の体は同じ活動を被るので、同じように一種の干満を経験すると私は確信した。周期的な回転の異なる例によって、私はこの理論を裏付けた。天体および地球の活動を受けやすい動物の体の属性を、私は**動物磁気**と名付けた。性現象に見られる生理的な周期や、一般的にあらゆる時代あらゆる国々の医者が、病気に関して観察してきたこれらの変化を、私は磁気という概念によって説明した。

そこで私の唯一の目的は、医者たちの関心を目覚めさせることだった。しかし成功するどころか、私は奇異だと非難され、ある体系を持ちつつ、医学の標準的な道を外れる私の傾向について、犯罪だとさえみなされることがまもなく分かった。

これと関連して、私が思考の様態を隠すことなく言えば、治癒の仕方で私たちが進歩を遂げたと誇りうるほどには、私自身納得できているわけではない。

実際、私たちが動物の体のメカニズムと機構についての知識を進化させせればさせるほど、自分たちの不十分さを認めざるを得なかった。神経の性質や活動については、今日までに得た知識について不完全ではあるが疑いの余地がない。私たちはそれらが、感覚と運動の主な能動要因だと認めているが、その自然的秩序が侵されたとき、それらを回復することができない。私たちはこれが、自分たちにとって恥ずべきことだと認める。この点について、過ぎ去りし世紀の医師たちは無知の中にかくまわれている。彼らがその特質と方式において抱きつつ鼓吹した迷信じみた自信は、彼らを独裁者にし自信過剰にした。

私は自然に対して大いなる敬意を持っているので、人間の個人的な生命の維持が、単なる偶然の発見や不明瞭な観察に委ねられるなどとは信じていない。これらは何世紀もの間に成し遂げられ、ついには少数者の専門領域になったのである。

自然は個人の生存に必要なすべてのものを提供している。繁殖は「体系」や策略なしに起こる。なぜ生命の保持について、同じような利点が取り除かれるべきなのか。動物の生命の保持は真実が、その正反対だと証している。

磁気化されていない針は動き始めるとき、偶然によってのみその方向を決める。ところが、磁気化された針は、同じような始動の刺激を与えられると、受け取った刺激や磁気に応じて様々な動揺の後、最初の位置を取り戻しそこにとどまる。かくて有機的な体の調和は、ひとたびそれが干渉されると、私の最初の仮説の不安定な状態を通過する。私がその存在を認める**一般的な作用因**によって、それが引き戻されたり確定されたりするのでなければ――。有機的な体の調和は自然的な状態で、それ自体の調和を取り戻すことができる。

このようにあらゆる時代において、医学の助けがあってもなくても、悪化したり治癒されたりするのは、異なった体系に従うとか、著しく矛盾するやり方によるからである。これらの考察のおかげで私は、自然界には私たちとは関係なく、私たちが漠然と人工および自然に帰属するとみなす、普遍的に作用する原理が存在することを確信し、このことに関するすべての私の疑念は払拭された。

こうした考察のために、私は今までの踏みならされた道から徐々に外れていくことになった。私はこの考えに従って二〇年以上を費やし、このためあらゆるタイプの疾病の最も精確な観察に携わって、自分が繰り返し予測してきた確信が得られるのを見て満足感を覚えたのだった。

フランツィスカ・エスタリンクという名前の二九歳の若い婦人の治療を私が自宅で引き受けたのは、主に一七七三年および一七七四年のことだった。彼女は数年間、痙攣性の病気にかかっていて、この最も厄介な症状は、血液が頭に昇り、きわめてひどい歯痛および耳の痛みを引き起こして、譫妄・激怒・嘔吐・気絶が続くのだった。これは私にとって、**動物磁気**が、人体に作用する満ち引きの典型を正確に観察するためのきわめて好ましい機会を提供してくれた。患者はしばしば治療上有益な「分利《クリーズ》」という痙攣的な発作に見舞われた後、はなはだ顕著な苦痛の和らぎが続いた。しかし、その喜びはいつも束の間で不完全だった。

私はこの不完全性の原因を確認したいという欲求を抱き自分自身の絶え間ない観察によって自然の仕組みを認識し、異なった段階の病気について、躊躇なく予測し診断するために十分その仕組みに浸透する地点に繰り返し到ったのである。私はこの最初の成功に気をよくして、私たちの地球が作られている物質の中で、天体の動きに対応し、類似している動きの存在を明らかにするならば、これを完全なものになし得る可能性についてもはや疑わなかった。そうすれば、私は先述の潮の干満の定期的な回転を人為的に模倣できるのだ。

私は磁石についての通常の知識を持っていた。鉄への作用、そのミネラルを受け取る私たちの体液の能力についてである。私は胃痛や歯痛に対して、フランス、ドイツ、イギリスで行われた様々な実験について知っていた。そこで私は、この物質の属性と一般的な体系の類似と共に、磁石がこの種の実験に最もふさわしいものとみなすに到った。私はこの実験の成功を確実なものにするために、カリビート(注1)の絶えざる使用を患者に適用した。

私はウィーンの天文学教授でイエズス会のマクシミリアン・ヘル神父との友好関係のおかげで、その時、実験に用いるために好都合な形の、幾つかの磁化された物品を神父の職人に製作してもらえないか、と頼む機会が与えられた。神父は親切にもこの願いを聞き入れ、それらの物品を届けてくれた。

一七七四年七月二八日、再びエスタリンクがいつもの発作を起した後、私は胃部と両脚に三つの磁化された物を貼り付けた。この後まもなく、患者は異常な知覚に見舞われた。彼女は体の内部に、微妙な物質による痛みを伴う一種の電流を感じた。この電流は一つの方向を取ろうと何度か試みた後で、体の下部へと降りていき、発作のあらゆる兆候が六時間続いた後収まるようになった。翌日、患者の症状は私が、同じ実験を行うことを必要としたが、その結果、同じ成功を得ることができた。

これらの効果についての観察のおかげに加えて、一般的な体系に関する考えのおかげで、私は新たな情報を与えられた。**一般的な作用因**の影響についての今までの考えを確認し、もう一つの原則があり磁石が作用すること、磁石だけでは神経にその作用をなし得ないということが私には分かった。そして、自分の研究課題を構成する模倣理論に到るためには、後わずかな道のりに過ぎないことが分かった。

数日後ヘル神父に会ったとき、雑談のなかで患者がより良好な健康状態にあり、治療過程のよい効果が見られ、この施術の力について、神経症患者たちを治す手段をまもなく見出す望みがあることを神父に告げた。

ところが、程なく一般の人々および新聞で分かったのだが、この聖職者は天文学における自分の知名度を利用し、彼自身はまったく無知なその性質と利益についての発見を自分のものにしようとしていた。磁気の器具の形態に応じて効力が得られるというそのような器具を用いて、きわめて重度の神経障害を治す方法を見つけたとする事実を自分の功績として公表した。この考察を裏付けるために、神父はあらゆる形の磁化された器具から成る幾つかの装置を若干の学会に送り付けて、様々な疾病との類推でその概論を述べたのだった。

神父は自分の意見をこう述べている。「私は磁気的な渦巻きと一致するこれらの形態に、病気の症例における特別な効力のある完全な形を発見した。イングランドやフランスで実施された実験がなんらの成功に到らなかったのは、この完全な形態の欠落によるのだ」。そして、磁化された形態の製作を、私が神父に語った発見と混同したかのように、彼はこう締めくくっている。「私はすべてのことを医師たちやとりわけメスマー自身に連絡し、実験のために磁気化された器具の使用を続けるつもりだ」。

この課題に関するヘル神父の記述が繰り返され、神経障害に対する特効薬を常に熱心に求める大衆に対して根拠のない考えを吹き込んだ。この件に関する発見が単に磁石の使用にある、というのである。これに対して私としては、この間違いを改めさせるために、磁石とは本質的に異なる**動物磁気**の存在を指摘する論文を著わした。しかし、大衆はきわめて著名な人物からの情報を受け取ったために、この誤謬はそのままとなった。

私は自分の知識を一般化し、それについての適用を完成するために、異なった不規則なやり方だが実験を継続した。

私はウィーン医師会会長で王室の主任医師、フォン・シュテルク男爵と懇意にしていた。私の発見やその目的の性質を、彼に知ってもらうことがとりわけ肝要だった。そこで私は彼の目の前に、特に動物磁気による物質の交信および交流に関連する、自分の実験の情況的な証拠を置いた。そして、男爵が自ら試して確認するように勧め、私は自分が、将来この新しい科学において成し遂げる、すべての進捗を彼に報告する意図があることを告げた。私は信頼の確かな証拠として、彼に自分の方法を余すところなく知らせた。

この医師は生来小心であるが、なぜそうなのかについて詮索するつもりは私にはない。ただそのような性格のゆえに彼は、こう述べた。私が彼に語ったことについて、何ら関係を持たないことを願い、そしてこの種の新機軸を公にすることで、医師会の信用を危うくしないでほしい、と。

私の方法の性質に関する一般大衆の偏見と疑念を払拭するため、一七七五年一月五日、私はある外国の医師への書簡を公刊することに決めたが、そこに私は理論の正確な考え、これまでに成し遂げた成功、そしてこれから望み得る成功の理由などについて述べた。私は**動物磁気**の性質と行動、および磁石と電気の相似について述べた。そして付け加えた。「すべての体は、磁石のようにこの磁気的な原則を伝えることができる。この体液は電気の液体のように、あらゆるものに浸透し蓄えられて凝縮される。これは離れていても作用する。生きた体は二つのクラスに分類され、一つはこの磁気を受けやすいもの、他方はこの作用を抑えるという反対の性質を持つものである」。最後に、私は様々な感覚について説明し、これらの主張が実験に基づくものであり、実験のおかげでそのように述べることができるのだと言った。

この書簡公刊の数日前、ロンドンの王立協会の会員でウィーンの種痘の専門医ヤン・インゲンホウス氏が、貴族や名士を前に電気の実験を披露したことにより、また磁気の効力を様々に変える技術によって、医師としての名声を獲得したことを聞いた。既述のように、この紳士が私の実験について聞き及んだとき、彼はこれらのことを空しい戯言とみなし、このような発見はもしそれが可能としても、イングランドの天才のみにできることだとさえ極論した。彼は私のもとにやって来たが、情報を得るためではなく、単に私が潔く誤謬を認め、不可避的な嘲りを避けるために、これ以上実験について公言するのをやめた方がよい、という説教を意図したものだった。

私は彼が、このような忠告を私にするだけの十分な才能を備えていないこと、さらに今度機会があれば喜んで彼を説得することを告げた。この機会は、その二日後に訪れた。

ミス・エスタリンクが怖れ戦いて引き付けを起こし、以前のような発作に陥った。私は、インゲンホウス氏に来るように申し出た。彼は若い医師を連れてやって来た。患者はその時、引き付けを伴う失神に到る発作の状態にあった。私が告げた原理の存在、およびそれが伝えるはずの特性について、彼が納得する最も好ましい機会だと私は彼に話した。私は自分が別の所にいる間に、彼が患者に近づき触れるようにと言った。患者はまったく動かなかった。私は彼を呼び戻し、彼の手を取って動物磁気を導入した。それからもう一度、患者に近づくように彼に指示したが、私は離れた所にいて、再び患者に触れるように言った。そうすると、今度は痙攣性の動きがあった。私が彼に手で触れるこの行為を何度か繰り返すように指示したところ、彼は毎回方向を変えて指先でこれを行った。彼が驚嘆したことには、その度ごとに触れた部分に痙攣が起こったのである。

この施術が終わると、彼は納得したことを私に告げたので、私はもう一度試みるようにと彼に提案した。私たちはいったん患者のもとを離れたが、それは彼女に意識があったことを気づかれないようにしたからである。私はインゲンホウス氏に六個の陶器のコップを差し出し、私が磁気的な性質をコップに導入するとすれば、どのコップがよいかと彼に尋ねた。私は彼が選んだ一つにさわってから、六個のコップを次々に患者の手にさわらせた。私が触れたコップに来ると、手が動き痛いという様子を見せた。インゲンホウス氏も同じように六個のコップで試すと、同じ結果が得られた。

それから私はこれらのコップをそれらがあった所に戻し、しばらく経ってから彼の手を取り、彼がもう一方の手で、どれか一つのコップを選んでさわってみるように指示した。彼が指示通りに行動し、前と同じように患者の所に六つのコップを持っていくと、やはり結果は同じだった。

いまや伝達可能な原理が、インゲンホウス氏の目に明らかになった。私はさらに三度目の実験を提案したが、それは離れた所での反応と、その侵入し得る特質を示すためだった。私は八回の間隔をあけて、患者に指を向けた。その度ごとに患者の体は、苦痛の表情と共に、ベッドに身を起こすほどの発作状態になった。私は同じ位置で、インゲンホウス氏を患者と私の間に置き、患者に指を向ける動作を続けた。患者は同じ発作を経験した。

インゲンホウス氏が満足するまで、このような実験を繰り返したあと、私が語った驚くべき特質について納得したかどうかについて尋ね、もし納得していなければ、さらに実験を繰り返してもよいと提案した。「自分はこれ以上のことを何も望まない、十分に得心した」というのが彼の答えだった。けれども、「友情の証として言うのだが、公然と信用を損なうといけないので、このことを公表するのは差し控えてほしい」と彼は私に頼んだ。私たちは別れ、私は患者のもとに戻り施療を続けたが、これは非常にうまくいった。同日、患者の正常な体調を回復することができ、このため機能障害によって引き起こされたあらゆる症状を終わらせることになった。

二日後、私はインゲンホウス氏が、私の家での発言と全く逆のことを公に語っているとの話を聞いて、ただ驚きあきれるばかりだった。彼が目撃した幾つかの異なる実験の成功を否定している、と言うのである。彼は**動物磁気**を磁石と混同することになり、彼が持参した幾つかの磁化されたものに論及し、すべてがうまく整えられたばかげたいかさまだと証明して、私の化けの皮をはがすことに成功したと語ったのである。

このようなことばは、最初私には信じ難いように思われたと告白しなければならない。インゲンホウス氏をこのような発言の本人だとみなすことが、私にははなはだ難しいとさえ思えた。しかしながら、ヘル神父との彼の関係、そして一七七五年一月五日付の私の書簡の内容の否定を企てる、このような忌まわしい示唆を支持する同神父の無責任な著述のために、インゲンホウス氏が加担者だということに関して、私は胸中の疑念を払拭した。私はヘル神父に反論し、起訴状を書こうとした。が、その頃、インゲンホウス氏の仕出かしたことについて知らされたミス・エスタリンクは、自分の治療の事実がこのように不正に歪められたことに仰天して、以前の状態に戻ってしまい、これが神経性の熱によって悪化したのである。

ミス・エスタリンクの病状から目を離すことなく、私はまるまる二週間を費やした。このような状況の中で、自分の研究を継続させることによって、その進捗や自分の理論の望ましい完成の妨げとなるような困難を幸いにも克服することができた。この若い女性の治療が、私の成功の最初の成果を現すことになった。私はその後、彼女が健康そのものになったのを見て満足した。彼女は結婚して何人かの子どもをもうけた。

インゲンホウス氏の行為を暴露することで、私の治療を正当化し私の能力についての正しい見解を一般の人々に伝えたいと心に決めたのは、この二週間のことだった。私はフォン・シュテルク氏に報告し、この事実を調べるようにウィーン王室医師委員会からの要請を受けるように働きかけ、この委員会が真実性を保証し、市民の間にこの事実が知らされるようにしてほしいと頼んだ。この提案はその上級医師に好ましいもののように見受けられた。彼は私の見解に同意し実行に移すことを約束したが、委員会で発言できるわけではないと語った。

私は彼に、ミス・エスタリンクに会いにきて、私の治療の成功に関して自ら確かめるように何度か勧めた。このことに関する彼の返事は、いつもあいまいで不確かだった。私は自分の方法が病院で採用されるならば、人類への有益な貢献になるのだと彼に説明し、スペイン病院でその有益性を実演するように彼に頼んだ。彼はこれに同意して、その病院の医師ラインライン氏に必要な指示を与えた。

ラインライン氏は八日間にわたって、病院への私の訪問の効果と有用性の目撃者となった。何度も彼は驚嘆し、フォン・シュテルク氏に報告した。しかしながら、私はこの指導的な医師に、様々な異なった印象が生じていることに気づいた。私はほぼ毎日彼に会い、委員会への私の要求について主張し、私が彼に述べた興味深い事柄について思い出させたが、この話題が持ち出されると、いつも彼の態度は無関心、冷淡さ、控え目以外には何も示さないのだった。いかなる満足も得られず、ラインライン氏からの私への報告もなくなったが、

（その上、この態度の変化がインゲンホウス氏の一連の行為の結果だ、と私には分かり）、私はこの策謀に立ち向かい得ないと判断して、沈黙の裡に慰めを求めた。

インゲンホウス氏は自分の計画が功を収めたことに気をよくして、さらに勢いづいた。彼は私の理論が信用し難いと喧伝し、明確な判断を示さない人々や同意見でない人々を頭の鈍い連中だ、と言いふらすことにまもなく成功した。これらすべてのことのために、一般大衆が少なくとも私を夢想家として、また取り分けそのような意見を支持するはずの王室医師委員会の無関心のために、私のもとを離れていったことは容易に理解できるだろう。

実に奇異に思えることは、翌年、同じ誹謗が、プラハの医学部教授クリンコッシュ氏によってなされたのだが、この人物は私と面識がなく、動物磁気の実態についてなんらの知識もなく、（これ以上の強いことばはないが）、実に愚か

にもインゲンホウス氏によって私の属性とされた詐術のおかしな詳細を公の雑誌に発表したのである。(注2)

一般大衆の意見がどうであれ、真実が事実以上によい支持を見出し得ないと私は感じた。私は様々な体の不調の治療に対処してきた。その中には、半身不随、卒中の後遺症、梗塞、喀血、頻繁な疝痛、喀血や眼炎を伴う子ども時代からの痙攣性睡眠などがあった。ウィーンの数学教授で際立った功績のあるバウアー氏は、この痙攣性睡眠という病気に見舞われた。私の施術は見事な成功を収め、バウアー氏自身、自分の治癒について詳細な報告を公にするほど誠実だった。しかしながら、偏見のほうが上手だった。それにもめげず、私は偉大な大臣、枢密顧問官、枢密院会議員、その他多くの人類の友にかなり知られるようになり、彼らがしばしば真実を自分で認識し、それを支持し擁護してくれることに満足した。彼らは真実が包み隠される暗い影を取り除こうとし、その試みを何度も繰り返すことさえ厭わなかった。しかし、彼らはほとんど成功せず、医師たちの意見だけが決定権を持つのだと反対され、こうして彼らの善意は、私の著述について異国の地で必要な発表の便宜を与えるという申し出に限られることになった。

一七七五年一月五日付の説明文書が、数多くの科学施設および何人かの科学者たちに送られたのはこの縁故関係を通じてであった。この年の三月二四日、ベルリン・アカデミーだけが文書で返答してきたが、そこでは私が詳述する**動物磁気**の属性と私が単に導体として語る磁石の属性を混同し、同アカデミーは数多くの誤謬を犯して、私が幻影の犠牲になっているという意見だった。

動物磁気を鉱物磁気と混同するのは、このアカデミーだけではなかった。しかし、磁石の使用がどんなに便利でも、常に**動物磁気**の理論の助けなしには不完全だということを、私は自分の著述の中でいつも強調してきたのである。私が交信し、私の発見を横取りするために、この理論を把握しようと努める医師や学者たちは、磁石が私の用いる唯一の手段であるとか、もしくは磁石だけでなく電気も並行して用いることがあるとか、敢えて欺瞞的なことばを用いて吹聴した。彼らは私が、その双方を利用することをよく知っていたからである。彼らの大半は自分自身でやってみて、事実を見誤るはずはなかったが、私が提示する真実を認めないで、磁石や電気という二つの媒介物を用いることで成功が得られなかったという事実から、私自身の告げる治癒が想像上のものであり、私の理論が幻想以外の何物でもないと結論付けた。

このような誤謬をきっぱり論破し、真実を公正に理解してもらいたいという欲求のために、一七七六年以降、私はもはや電気も磁石も用いないことにした。

私の発見に対する低い評価や、将来自分に対して見直されるであろうというわずかな望みに支えられて、私はウィーンでの一般的な反応について考えないことにし、そのかわり南西部ドイツのスワビアやスイスに赴き、自分の経験を増やし、事実を通して真実に到ることを目指した。実際スワビアでは、ベルンやチューリヒから来た医師たちの目前で、幾つかの目覚ましい治療を成し遂げ、各地の病院での施術に満足できる成果を収めた。彼らには**動物磁気**の存在や私の理論の有効性について疑いの余地がなく、このため私の批判者たちに惑わされてきた誤謬が正されたのである。

一七七四年から一七七五年にかけて、善き信仰の持ち主だが、過剰なほどの熱情的な聖職者が、ラティスボンの司教区で、神経組織のさまざまな障害に関して施療していたが、この地域ではあまりよく知らない人々には超自然的に見える手段を用いたのだった。彼の評判はウィーンにまで及び、そこで世間は二つに分かれた。一方は彼の方法をいかさまでペテンだとみなし、他方はそれを神の力によって成し遂げられた奇跡だと考えた。しかし、両者は共に間違っている。私の経験上、件の人物は自然の嫡子以外の何者でもないことが分かった。これは運命に導かれた彼の職業が、ある種の生得の能力を彼に備えさせ、患者の病気の原因を知らなくても、その病気の周期的な兆候を見つけ出すことが彼にはできるのだ。病気の痙攣が終わって完全に治癒されたとみなされたが、時間の経過のみが大衆に真実を分からせるだろう。

一七七五年の終わり頃ウィーンに戻るとき、ミュンヘンを通ることになったが、そこでこの話題について、バイエルン選帝侯マクシリアン二世エマヌエル陛下が、畏れ多くも私に相談され、最近の奇跡的とされる治療についてどう思うか尋ねられた。私は陛下の目の前で、彼が抱いていたかもしれない偏見を取り除くために、幾つかの実験を行ったところ、私が告げた真実に関して彼は疑いを持たなくなった。その後まもなく、同市の科学研究所が私を会員として受け入れる栄誉を与えてくれた。

一七七六年、私は再びバヴァリアを訪れ、そこで様々な種類の病気について同じような成功を収めた。とりわけ、四肢の麻痺を伴う視力低下の黒内障の治療をしたが、それはミュンヘンの科学研究所所長のドステルワルド（実名はG・F・オステルワルド）氏を悩ませていたのである。彼は寛大にも、このことや彼が目撃したそのほかの実績を公にした。(注3)

ウィーンに戻った後、その年の終わりまで私はこれ以上の仕事を引き受けないことにした。また、私の決定に友人たちがこぞって反対するのでなければ、この考えを変えないつもりだった。しかし、彼らが執拗に要求しただけでなく、真実が普及するのを見たいという私の欲求もあって、新たな成功の手段、とりわけある目覚ましい治療によって、これを成し遂げたいという希望が私の心の中で芽生えた。このことを念頭に置き、患者の中でも一八歳のミス・パラディースを選びその治療を引き受けることにした。彼女の両親は知名度がかなり高く、彼女自身も女帝に知られていた。その下賜金によって年金を受けていたが、四歳の時から盲目だった。それは眼に痙攣のある完全な黒内障だった。その上彼女には鬱病の症状があり、脾臓や肝臓の障碍を伴っており、それがしばしば譫妄や激怒の状態に近付き、彼女は自分でも正気を失っていると思うほどだった。

私はまた、ツヴェルフェリーネという一九歳の少女の治療を引き受けたことがあった。彼女は二歳から盲目だったが、眼球に萎縮のあるきわめて厚い皴のある角膜白斑を伴っていた。その上、彼女は周期的な血の吐瀉に苦しんでいた。私はこの少女をウィーンの孤児院で見つけ、その盲目は所長たちによって認められていた。

同じ頃、私は一八歳のミス・オシンの治療も引き受けた。彼女は女帝の陸軍士官の娘として、女帝から年金を受け取っていた。彼女の主訴は脂漏性の湿疹、抑えがたい憂鬱症であり、発作・激怒・嘔吐・喀血・失神などを伴っていた。私は絶え間なく治療を続けるために、他の患者たちと共に、これら三人を私の診療所に引き取って居住させていた。私は幸いにも、これら三人の患者皆を快癒させることができた。

ミス・パラディースの父母は、娘の治癒と視力の使用における進歩を目撃し、起こったことや、自分たちがどんなに喜んでいるかについて急いで公表した。大勢の人々が、自分たちでこのことを確かめるために私の診療所に押しかけてきた。各々の人が、患者になんらかのテストをしたあと深く感心し、帰るときには私に心底からの賛辞を与えた。

学会の指導的地位にある代表格の二人が、ミス・パラディースの繰り返し行われた治験の様子を見にやって来た。そして、この若い女性を検証し、一般大衆の賛辞に彼らの称賛を加えた。これらの紳士たちの一人フォン・シュテルク氏は、この若い婦人をとりわけよく知っていて、一〇年間彼女を治療したがいささかの改善もなかった。彼は治癒された興味深い状態を見て満足し、私の発見の重要性に今まで気付かなかったことを残念に思うと語った。多くの医師たちが、それぞれ自分で指導者たちの示した例に倣い、同じように真実だと確認し賛辞を述べた。

このような正真正銘の理解が得られた後、パラディース氏は親切にも感謝の気持ちを書簡で表わし、これがヨーロッパ中に行き渡った。その後、娘の回復について興味ある詳細を新聞に載せたのは彼自身だった。(注4)

自分たちの好奇心を満足させるために私のもとにやって来た医師たちの中に、眼疾解剖の教授で白内障の専門医バース氏がいた。ミス・パラディースが自分の眼を用いることができるのを、彼は二回の訪問で認めさえした。ところがこの人物は嫉みのせいで、件の若い女性は目が見えないこと、視力は失われたままだと公言したのである。同医師は彼女が、示された事物の名前を知らないとか、混同するとかという事実に基づいてこのような主張をしたのである。これに対して世間はこう反論した。「生まれつき、もしくはきわめて幼い時に盲目の場合に必然的に生じる知識の欠落と、白内障の作用のために盲目になった人々の限られた知識というこの二つを彼が混同している」と。「あなたのような専門医がこんな明白な誤謬をおかすとは、どういうことですか」と彼は尋ねられた。彼は厚顔にも、すべての事実に反する主張で応えた。一般大衆は多数の目撃者が、この治癒を証言している、と何度も繰り返し彼に語ったが無駄だった。彼だけがそれと正反対の意見を持っていて、すでに述べた種痘の専門医インゲンホウス氏を味方に引き入れた。

物分かりのよいまともな市民には、一見して偏執狂とみなされるこれら二人の人物は、私の看病からミス・パラディースを引き離す計略を実行することに成功した。彼女の眼の状態はまだ不完全であり、以前からそうであったように彼女を女帝に謁見させるのは不可能だった。このことが必然的に、私の治療がいかさまだと主張するに足る彼らの手掛かりとなった。このような意図のもとに、彼らはパラディース氏に働きかけたために、同氏は自分の娘の年金や、その他幾つかの自分に提示された利点が中断されるのではないか、と心配になり始めた。その結果、彼は自分の娘を引き取ることにした。

娘の方は母親を味方につけてこれをいやがり、治療が不完全になるのではないかと恐れた。だが、父親は自分の意見に固執し、このいさかいのために娘は再び引き付けを起こし、不幸にも病気の再発が生じた。しかしながら、眼の方への影響はなく、両眼とも支障なく向上が見られた。父親は改善を認めながら、誹謗者たちにそそのかされ非難を止めなかった。彼はあくまで「娘を返せ」と言い張り、妻にも同じようにするように仕向けた。

娘は前と同じ理由で、これに逆らった。これまで娘に同調してきた母親は、夫の仕出かしたことについて長々と言い訳をした。が、一七七七年四月二九日、彼女は私の所に来て「娘を今すぐ連れていくつもりだ」と言った。私は彼女が、そうするのは自由だと答えたが、もしその結果新たに何か起こったとしても、私の助けをあてにすることはできない、と付け加えた。

娘はこれらのことばのやり取りを立聞きし、胸のふさがる思いで発作を起こした。彼女は私の患者の一人、ド・ペレグリーニ伯に体を支えられた。彼女の叫び声を聞いた母親は、いきなり私のもとを離れ、娘を助けていたその人の手から怒って彼女を引き離して叫んだ。「可哀そうに。お前もこの家の連中とぐるになっているのね」。逆上して、母親は娘を壁に頭の方から投げつけた。

直ちにこの哀れな少女に伴う、あらゆるごたごたがまた始まった。私は彼女を助けるために急いで彼女のもとへ駆けつけたが、母親はまだ怒りが収まらず私に向かって突進し、私が彼女を助けるのを妨げて、その間、私を侮辱する数多のことばを投げつけた。私は診療所の中の何人かの職員の手を借りて母親をそこから引き離し、少女を助けるために彼女のもとへ足を運んだ。私がそうしている間、怒りの叫び声が挙がるのが聞こえ、母親は何度も私がいる部屋のドアを開けたり閉めたりしようとした。

するとまもなく父親パラディース氏が、彼の妻の従僕の一人から知らせを受け、私のいる部屋に闖入するつもりで、手に剣を携えて私の住まいに侵入した。が、戸口を警備していた私の召使がそれを阻止しようとした。怒り狂ったこの男は、ついに武器を取り上げられ、私自身や私の施設に罵りのことばを浴びせ掛けてそこを去った。

一方、彼の妻は気絶してしまっていた。私は彼女に必要な注意を払い、その後、数時間後に彼女は立去った。だが、哀れな娘の方は嘔吐・発作・激情の攻撃に見舞われ、わずかな物音、とりわけ呼鈴の音にも敏感だった。母親の加えた暴力的な一撃のために、彼女は以前の盲目状態に退化さえしてしまい、私は彼女の頭脳の状態に幾分不安感を抱いた。

これが私の患者や私にとって、痛苦な場面の不吉な影響を与えた。目撃者として証人となる他の近隣住民は言うまでもなく、私と共にいたド・ペレグリーニ伯や八人の人々の証言に基づいて、この問題を法廷に持ち込むことは私には簡単だった。しかし、ミス・パラディースを可能な限り救うことにのみ関心があり、私は法的な手段に訴えることを差し控えた。私の友人たちは彼女の家族の示した恩知らずなやり方に憤慨し、私の費やした労力が無に帰したことを指摘して非難したが、どうにもならなかった。私は自分の最初の決断を固守し、真実や精神の平安に逆らう敵には、善き行いで打ち勝つことで満足する以外にはなかった

翌日、パラディース氏は自分の過剰な反応を覆い隠そうとして、娘を取り戻すために、私の施術の危険な性格を彼女の病状によって証明することを常に念頭に置き、私自身に関するきわめて悪辣な誹謗を広めていた。実際、私は宮廷の医師オスト氏を通じて、フォン・シュテルク氏から医師の責任者としての権限において、一七七七年五月二日付の手紙による指示を受け取った。同氏は私が危険なくなし得ると判断するならば、（彼の表現によれば）「いかさまを止めて」「ミス・パラディースを家族のもとに返すように」と私に要求していた。

フォン・シュテルク氏は、まさしく宮廷のその医師から私の住まいで起こったすべての情報を得ており、彼の最初の訪問の後二度訪れ、患者の健康の向上

と私の施術の効果について納得したのである。その彼がこのような忌まわしい侮辱的なことばを私に用いるとは、どういうことであろうか。実は正反対のことを予期する十分な理由があったが、この種の真実を認める適切な位置にいれば、彼は当然真実の擁護者となるはずだったからである。女帝の信頼を十分に受けている者として、このような状況下での彼の最初の任務は、彼が非難の余地のないことを知っている委員会の一員を守ることだったはずである。その一員に対して彼は何度も繰り返し、愛情と尊敬を確信させてきたのだ。「患者は死の危険を冒すことなく移動させられる状態ではない」と、私は先述の無責任な要求に返事した。

ミス・パラディースの重篤な状態は、疑いもなく父親に強い印象を与え、彼に再考を促した。二人の評判の良い紳士の執り成しによって、父親は娘の治療を継続するように頼んできた。彼も彼の妻も再び私の家に姿を現さないという条件で、私は引き受けることを彼に伝えた。実際、私の施術は期待していた以上の効果を示し、発作を完全に鎮めるには九日間で十分で、意識の乱れは収まった。しかし、彼女はまだ盲目のままだった。

一五日間の治療を経て盲目は治り、例の事件の前の状態にまで視力を回復した。この期間に加えて、彼女の健康を増進し回復するためにさらに二週間を費やした。この時から、一般市民が彼女の回復の証拠を得るためにやって来て、みんなが改めて効果に満足した証拠となる文書を私に与えてくれた。パラディース氏はオスト氏を通じて娘の享受する健康を確信したが、オスト氏はパラディース氏の求めと私の許可を得て、治療の経過を見守っていた。パラディース氏は私の妻に、母親に代わる世話をしてもらったことに手紙で感謝した。

また彼は私に感謝するという手紙を寄越し、以前のことを謝罪した。そして彼は「娘が田舎の空気を楽しむことができるように、彼女を戻してくれるように」という私への依頼で手紙を終えていた。私が治療を継続するために必要だと思うときには、いつでも彼女を送ると言い、私が治療にあたることを望んだ。私は善き信念のもとに彼のことばを信じ、六月八日彼のもとに彼の娘を返した。

翌日、私は彼女の家族が、「娘の眼がまだ見えず、発作を起こしやすい」と主張していることを聞いた。彼らはこのことを示すために、彼女に発作を起こさせるとか、盲目をまねるように強いた。この知らせは、逆のことを確信する人々による幾つかの反駁を引き起こした。だが、これはパラディース氏を自分たちの道具として使う、怪しい陰謀家たちによって仕組まれ支持されたのであり、私は宮廷秘書官兼国家事務総長ド・シュピールマーン氏のような高位の役職者の証言が拡がるのを阻止できなかった。そのほか枢密院秘書官たち、宮廷専属の医師ド・モウリトー氏、ド・ウムラウアー氏たち、さらに他の幾人かの人々とは別に、私の治験と結果を毎日のように見てきたド・ブランジェ氏、ド・ハウフェルト氏、ド・コルンバッハ男爵、ド・ヴェイバー氏などもいた。

こうして私の忍耐と仕事にもかかわらず、私は医師として少しずつ覚束ない位置、もしくは少なくとも何か確実性のない所にまで引き下げられたのであり、それが確かに認められる事実であった。

私の敵が容赦なく私を攻撃したこと、また私が親切に対応したにもかかわらず、相手の恩知らずな態度によって、私が不利益を被ったことは想像に難くない。にもかかわらず、一七七七年の後半、ミス・オシンおよび前述のツヴェルフェリーネの治療を継続したが、この人たちの眼が、ミス・パラディースの眼よりも悪い状態だったことを記しておこう。また私は残りの患者たちの治療も辛抱強くつづけて成功した。とりわけ、九歳のウィピアの片方の眼には葡萄膜腫として知られている角膜の異常があり、この軟骨のような病的増殖に三本ないし四本の線があって、(注5)その眼でものを見るのを妨げていた。

私は彼女が、斜めに読むことができる程度にまで病的増殖を取り除くことに成功した。角膜の中心にわずかな目星が残っているだけだった。私は状況が許せば治療を継続して、それが完全に消滅することに疑念を持たなかった。しかしながら、継続して一二年に及ぶ私の労働、さらに私の敵対者の敵意にうんざりし、私の研究と努力にもかかわらず、私の敵対者が奪い去り得ないもの以外の達成感を得られず、私は市民同胞としての任務をすべて果たしたと感じた。

いつか正しい評価が私に与えられる日が来るという確信のもとに、私は現在の自分にどうしても必要な休養を確保するという、ただ一つの目的のために旅に出ることに決めた。しかし、偏見や不信からできる限り身を守るために、不在中の診療所でのすべてのことをミス・オシンおよびツヴェルフェリーネという二人の患者に委ねることにした。次に私は、このような手配をした理由について公表する対策を取り、これらの患者たちが私の診療所にいるのは、彼女たちの状態がいつでも確認できるからであり、それで真実の確証になるからだと述べた。ウィーンから私が発ったあと、彼女たちは八カ月間そこにいたが、当局の最も高度の命令があった時にそこを離れた。

一七七八年二月パリに到着すると、(注6) この首都の科学者や医師たちとの興味深い交わりのなかで、そこでの安らぎを楽しみ始めた。しかし、彼らの求めに応じて、私に示された親切に報いるために、私は自分の体系を話すだけで彼らの好奇心を満足させることに決めた。彼らは、その性質と結果に驚嘆し説明を私に求めた。私は一九の項目の簡潔な命題を彼らに与えた。(注7) それらは彼らには、今までの知識とは何の関係もないように思えた。人々がほんのわずかな概念も持たない原理の存在について、理性のみを頼りに証明することがいかに難しいかについて私は痛感した。そこでこのことを念頭に置き、幾つかの深刻な病気の治療によって、私の理論の真実性と有効性を示すようにという要求に応えることにした。

何人もの患者が私を信頼してくれた。大半はきわめて難しい症状で、彼らの看病について私に決意させるためには、そうしたいと思う自分の意欲のすべてを使う必要があった。にもかかわらず、間歇性の嘔吐を伴う誇大妄想の鬱病、脾臓、肝臓、腸間膜、不完全な黒内障など数多の慢性的な障害を治癒し、患者が一人で徘徊するのを止めさせた。（四〇歳の）患者は、老齢と飲酒の容貌をしていたが、震えを伴う今までの麻痺が治った。この病気は凍傷の結果だった。これは悪性の発疹チフスの作用のためにさらに悪化していたが、患者は六年前にアメリカでこれに感染したのだった。

萎縮症を伴う脚の完全な麻痺という症例でも、私は同じく成功を収めた。慢性的な嘔吐の症例では、患者は進行性憔悴の状態にまで緩和された。全身の腺病衰弱の症例とか、さらには発汗の諸器官の全体的な衰退の症例もあった。

パリ医師会の医師たちによってその状態が認められ確認されたこれらの患者たちは、医薬の投与がなければ、疾病の性質からすべて著しく重篤で瀉下を伴うものだった。

あらゆる疑いを越えて、私の施術の有効性を証明するには十分過ぎるほど十分だった。その後の評価のおかげで、私が自負心を持つに足る理由となった。しかしながら、前述の治療に携わるように私に勧めた人々は、その効果を認めようとはしなかったが、それはこの場で列挙することが適切ではない事情や理由があったからである。

その結果私の期待に反して、治癒の事例が諸団体に報告されなかったが、諸団体は一般大衆にその注意を向けさせる任務があったはずである。私は着手した務めを不十分にしか果たせなかったが、私のなし得た務めに対して称賛されることもあった。

今回、真実を明らかにするために、私は今までになかった「命題」により広い範囲を与え、それを公表するための新たな努力をするに到った。

主張すべき命題（注8）

1. 天体、大地、生物の間には相互に影響関係が存在する。

2. 宇宙に分布する連続した流体——それはまったく隙間がなく、比類ないほど希薄な性質を持ち、本質的に動作のすべての印象を受容し、伝播し、交流することができる。これがこの影響関係の媒体である。

3. この相互作用は、これまでまだ解明されていない機械的な法則に従っている。

4. この作用は、潮の干満と同じようなものとみなされる交互の影響を生じる。

5. この潮の干満は、それを決定する原因の性質に従っていくらか一般的であり、いくらか個別的であって、いくらか混成的である。

6. (大自然が私たちに及ぼす影響の中で最も普遍的なものである)この作用によって、[相互の影響関係の]活動の比率が天体、地球、およびその構成要素の間で確立される。

7. **物質**および**有機的な体**の属性は、この作用によって決められる。

8. 生物の体は、この作用因である流体の交互の効果を持続的に受容する。これは神経組織に作用因を浸透させることによって、直ちに神経組織に影響を与える。

9. 作用因が磁石の属性と似通う属性を持つことが、とりわけ人間の体では明白であり、磁石と同じように異なった両極性が認められる。これは変化し、伝達されて、壊され、強化される。また、［磁針の］下降のような現象さえも観察される。

10. 動物の体の属性が天体の影響を受けやすい状態を招来し、これを取り巻くものとの相互関係のなかにあって、磁石との類似性を示すものとして、私はこれを**動物磁気**と名付けることにした。

11. このように定義される**動物磁気**の活動や属性は、他の動物の体や無生物の体にも伝達されるであろう。双方共に多かれ少なかれ、程度の差はあるが動物磁気の波動を受けることになる。

12. この作用および属性は同じ体によって強化・増幅され得る。

13. 物質の流体は目に見えるほどの変化はなく、あらゆる体に微妙に浸透し通過し得ることを実験が示している。

14. この作用は媒介となる物体の助けを借りないで、離れた所からも遠隔操作で影響を及ぼすことができる。

15. これはまさしく光のように、鏡によって強化され反射される。

16. これは音によって伝達・増幅・強化される。

17. この磁気的な属性は蓄えられ、凝縮されて、移送されることがある。

18. 私はすべての生物の体が、同じように磁気的な波動を受けるわけではないことを述べておく。きわめて稀ではあるが、その属性の反撥力が強く、まさしくその存在のために、他の体の磁力のあらゆる効果を阻害してしまう。

19. また、この正反対の属性もすべての体に浸透する。そしてこれは同じように、鏡によって伝達・増幅・蓄積・凝縮・転移され反映されて、音響によって増幅される。この正反対の属性は動物磁気の欠落を意味するだけでなく、明白に反作用を持つ否定的な効力として存在する。

20. 自然の**磁石**も人工の**磁石**も、他の物体と同じく**動物磁気**に対して反応し、反作用を持つ否定的な属性にさえも反応する。が、どちらの場合も、磁石の作用は鉄や針を変容させる効力を持たない。このことは**動物磁気**の法則が、鉱物的な磁気の法則と本質的に異なることを示している。

21. この学説は、引力、潮の干満、磁石や電気の理論だけでなく、**火**と**光**の性質に関しても新たな解明を提供する。

22. 疾病に関して磁石や人工的な電気は、**大自然**が私たちに与える幾つかの他の作用因と共有する属性しか持たず、もし有益な効果が磁石や人工的な電気から得られるならば、それは**動物磁気**のせいである、ということが明らかになるであろう。

23. 私が提唱する実践的な法則に従えば、この法則が直接的に神経組織の病気を、また間接的にその他の病気を治癒できるということを事実に基づいて理解できるだろう。

24. この法則に基づいて、医師は医薬での処方における指針が得られる。医師は医療を完全なものとし、「分利」を支配するやり方で、治療上有益な「分利」を引き起こし制御する。

25. 私は疫学の新しい理論によって、病気の克服に関連するものとして私が提起する法則の普遍的な有効性を、自分の方法として示すことになる。

26. このような知識があれば、医師はどんな複雑な病気でも、その原因・性質・進行について確実に診断することができる。患者の年齢・気質・性別にかかわりなく、医師は病気の進行を防ぎ、患者が危険な後遺症を被るとか不幸な結果を招くことなく治癒することに成功する。妊娠中や分娩後の女性にも同じような効果を期待できる。

27. 結論として、この教義は医師がそれぞれの患者の健康状態を判断し、患者がほかのやり方では被るかもしれない病気から身を守ることができる。
このようにして治療技術は、完全性のその最終段階へ到るのである。

一二年間に及ぶ私の絶え間なき観察に関して、これらのどの一つもいかなる疑念の余地もないのだが、既成の原理や知識と較べると、私の体系が真理と同じく幻想を含むように見えるかもしれない。しかしながら、私は良識ある人々に偏見を捨てて、私が必要な証拠を提示できるような状況になるまで少なくとも判断を停止して待ってほしいと願う。既知の方法のまさにその不的確性のために、苦痛と不幸のなかで思い悩んだことを考慮すると、もっと有益な方法の創出や希望を準備できるはずだ、と考えざるを得ない。

医師たちには、人類の存続と幸福に関与するあらゆることに人々の信頼が託されている。私が以上に報告した発見の重要性について判断し、その含意を認識することについては、彼らの職業上の専門的な知識により、彼らだけができることなのだ。一言でいえば、それを実際に行う資格があるのは彼らだけである。

私は専門医としての彼らの威信を共有する特権を有しているので、**動物磁気**の真の概念に関して、彼らが基本的には彼らのために書かれたこの「覚書」の重要性を認識すれば、人間の苦しみを和らげるために意図された原理の採用と普及に直ちに取り組むことについて、私はいかなる疑念も持っていない。

付記(注9)　ミス・パラディースの症例

読者の便宜に供するために、私はこの特異な治癒についての歴史的な要約をここに記すことにする。以下のことは、ミス・パラディースの父親自身によって、ドイツ語で書かれた報告に忠実に基づいている。一七七七年三月、彼自身が、出版のために私に送ってきたのである。いま私の前にそれが置かれている。

マリア＝テレジア・パラディースは、国王＝皇帝並びに女帝両陛下の秘書官パラディース氏の一人娘で、一七五九年五月一五日ウィーンに生まれた。彼女の視力は完全に正常だった。

一七六二年一二月九日、彼女が目を覚ましたとき、目が見えないことが分かった。彼女の両親はこの突然の疾患にひどく驚き悩んだが、それは娘の誕生以来、この器官にどのような変化の兆しも見られなかったからである。

それが完全な黒内障の症例であり、その原因は浮球感のある体液であること、もしくはその夜少女が経験したなんらかの驚き、例えば彼女の部屋のドアの物音のようなものであることが確認できた。

彼女の両親は絶望し、発疱療法、瀉血、焼灼器などこの疾病を治すのに最も適切と考えられるあらゆる方法を用いた。

これらの中で最初のものがきわめて集中的に用いられ、二カ月以上、彼女の頭には絶えず膿を出すように膏薬が貼られた。かなりの年月、オキナグサ抽出液や駆風剤などと共に、下剤や利尿剤も用いられた。

これら様々な方法の効き目はまったくなかった。患者の状態は眼と瞳孔の痙縮によって悪化し、痙縮が頭脳にも近づき忘我状態になったが、覚醒した時、精神の異常を来したのではないかという恐怖を呼び起こした。彼女の眼は膨れ上がり正常な位置から外れ、一見して白眼だけが見えるほどだった。このことに痙攣が加わって外見が損なわれ、耐え難い様子だった。昨年、電気療法が施された。三〇〇〇回以上の衝撃が与えられ、各処置で一〇〇回までは持ちこたえた。この種のやり方は彼女にとって限界を超えており、被刺激性と痙攣をひどく増したために、繰り返される瀉血による損傷から彼女を守る以外にはなかった。

ド・ヴェンツェル男爵は、ウィーンに滞在中、「もしできれば彼女を診察し手助けするように」と女帝から指示された。「彼女を治すことはできないと思う」と男爵は答えた。

彼女の状態やそれに伴う苦しみにもかかわらず、彼女を教化し、気晴らしになるものを何も与えることができなかった。彼女は音楽に関して大いに進歩を示し、オルガンやハプシコードの才能で、女帝に知られるという栄誉を彼女にもたらした。女帝は彼女の不幸な境遇に同情し、彼女に年金を賜るほどの恩恵を示された。

メスマー医師は、動物磁気の発見によりずっと以前から著名であったが、マリア・パラディースの幼少期に施された最初の施術の場に居合わせた。以後、彼女に会う機会があるたびに、この患者をとりわけ注意深く見守っていた。彼はこの病気を取り巻く状況、および彼女を治療するためにこれまで用いられた方法に関する情報を入手した。彼が最も不満を抱き、彼に不安を生じさせたのは、治療の手法が電気に頼るやり方だった。

この病気がかなり進行していたにもかかわらず、メスマー氏は痙攣を緩和し、苦痛を鎮めることによって、娘の眼をもとの正常な状態にできるかもしれないという幾らかの希望を両親に抱かせた。しかし、後に分かったことだが、同医師は彼女の視力を回復できるという望みを持っていたが、娘の両親にそのことを告げなかった。両親は不幸な経験と多くの挫折のために、自分たちが不可能とみなす治療をこれ以上試みることを断念していたからである。

メスマー氏は昨年一月二〇日に治療を始めた。その最初の処置で、頭部が熱くなり赤くなり、それから彼女は両脚と両腕が震えるような感覚を覚えた。次に彼女は首の後ろ側が少し引っ張られるように感じ、そのため頭が後ろ向きになり、さらにそれが強くなって眼の痙攣性の振動が増した。

治療の二日目、メスマー氏はこれを目撃した人々をひどく驚かせる作用を引き起こした。彼は患者のそばに座り、鏡に映される彼女の顔に向かって「杖」(注10)を差し出した。そして彼がその杖を動かすと、患者の頭もその動きに従った。

きわめて強力なこの感覚のために、患者自身がこの杖の異なる動きを告げた。彼女の眼の振動がはっきりと分かるやり方で、増減が交互に起こることがやがて観察された。これら眼の動きはその外側と内側で倍加し、時々、完全に休止した。四日目以降、彼女の眼の動きは収まり、眼は正常な位置で定着したが、左側の眼が右側の眼よりも小さくなった。しかし、治療が進むにつれて両方とも同じ大きさになった。

数日後、彼女の四肢の震えは止まったが、後頭の痛みを訴え、それが頭の全体に浸透し、前頭に向かって痛みが増した。痛みが視神経の結合部分に到達したとき、二日間頭が二つに割れるほどだったという。この痛みは視神経に移り、視神経を二つに分かつほどだった。彼女はこれについて、針で刺されるような一連の痛みだったと言う。針が眼球に向かってゆっくり進み、眼球に入り込んでそこで倍加されて網膜に拡がるような感覚だった。これらの感覚は、しばしば痙攣を伴った。

患者の嗅覚は数年間影響を受けていたが、粘液の更なる分泌はなかった。治療のために彼女の鼻の内側が、その隣接部分と共にふくらんだ。これは緑色の粘液性の物質が大量に放出されることにより、八日間を経て収まった。同時に彼女は異常に多量の下痢に襲われ、眼の痛みが増して眩暈がすると訴えた。メスマー氏はこれらが、光を初めて受けた感覚的な体験によるものだと考え、必要な予備措置を講じるために患者を彼の診療所に住まわせることにした。

彼女の眼はきわめて過敏で、メスマー氏は三重の包帯でその眼を覆った後、彼女を暗い部屋のなかで休ませねばならなかった。というのも、体のどの部分でもどれほどわずかな光でも感じたなら、彼女は卒倒してしまうほどだったのである。彼女が眼に感じる痛みは絶えず様々に異なっていた。最初は全体的にひりひりするのだが、それから激しい炎症を伴い、ついには網膜の上を細いブラシで掃かれるのに似た感覚に到るのだった。

治療が進んだ結果、光とその変化に関して患者が初めてその様子を理解できると推測できる根拠をメスマー氏に与えた。彼は包帯を取り除き患者を暗い部屋に置いて、彼女が自分の眼の感覚に注意するように彼女に求めた。彼は黒い物体と白い物体を交互に置いていたのだった。彼女は白色によって引き起こされる感覚について説明し、眼球に細い針の先が突き刺さるような感じで、その苦痛を伴う作用は頭脳の方向に進むと話した。この苦痛およびこれに付随する様々な感覚は、彼女の眼前に置かれた物体の白色の度合いに応じて増加したり減少したりした。この後メスマー氏は、これら白色の物体を使うのを止め、これらを黒色の物体に取り替えた。

一連の相反する結果が生じたことに基づき、これらの感覚の原因が外界に存在するものであり、彼女がこれまで感じてきた主観的なものとは違うのだ、と彼は患者に言い聞かせた。こうして彼は光がある場合とない場合の度合いに応じた感覚の違いについて、彼女に認識させることに成功した。メスマー氏は自分の指示を継続するために、異なった色彩を彼女に提示した。それから彼女は光がやや柔らかく当たることに気付き、やがて色彩を比較することでそれらを識別できるようになった。しかし、彼女の記憶力は非常によかったが、まだ色彩の名前を覚えられなかった。彼女は黒を見たときには、何も見えないと悲しげに言い、自分の盲目を思い出した。

治療の初め頃、網膜への物体の印象は、その物体を見た後一分間持続した。それでほかの物体と区別し、前のものと混同しないように、最初の印象が続いている間、彼女は自分の目を覆い隠さねばならなかった。

彼女はほかの人々が見るのが難しいのに、暗闇の中で識別することができた。だが、彼女の眼がより多くの光を受け入れるようになってからはこの能力を失った。

彼女の眼の運動神経はこれまで使われていなかった。それで物を捜したり物を見たり、物に焦点を合わせたり、その位置を把握するのに、眼の動きを制御するための眼の使い方を教えられねばならなかった。数えきれないほどの困難を列挙するのが不可能なこの個人指導は、彼女の病気の一つの結果である鬱病の発作によって中断されるので、一層の苦しみが付きまとっていた。

二月九日、メスマー氏は初めて、彼女に人の顔や身振りを見せることを試みた。そして彼自身が実験台となり、暗い部屋で彼女の前に姿を現した。彼女は人間の顔を見て狼狽した。鼻は彼女にはおかしなものに思えた。それから数日間、鼻を見るたびに笑い転げずにはいられなかった。彼女は犬を見たいとせがみ、それをしばしば撫でてかわいがった。この動物が現れるのは、人間の現れるのよりも快いように彼女には思えた。それぞれの特徴の名前については分からないまま、彼女はその形を描いてみせた。彼女に教える上での最も困難な部分の一つは、彼女が見るものを触れて、見ることと触ることという二つの能力を結合することだった。距離感がないため、どんなに遠く離れていても、すべてのものが手の届く範囲にあると思え、事物は彼女が近づくにつれて、大きくなるように見えた。

彼女は自分の不器用さに打ち勝たなければいけないという絶えざる努力や、自分が習得しなければならない多くのことのために、時には以前の状態の方がましだとさえ思うほど苦しみ悩んだ。とりわけ、かつて盲目だった時には、人々が彼女の技術や知性を称賛したからである。しかし、彼女は生来陽気な性格で、まもなくそれが功を奏した。また、メスマー氏は彼女が、少しでも前に進むように励ますように心掛けた。

少しずつ彼女は昼の光に慣れ、離れたものを識別できるようになった。見えるものは何も見逃さず、小画像に描かれた顔の表情や仕種さえも真似するのだった。彼女が見た人物の特徴について、その人相によって驚くほど正確に判断する特別な才能さえも持っていた。初めて星空を見たときには、驚きと讃嘆を表明した。その時以来、自分の前に差し出される見た目のいい、眼を楽しませるどんな事物も、星空の華麗さにはひどく劣るように思え、彼女は明らかに星空の素晴らしさを第一に考えていた。

あらゆる条件のもとに会いにくる大勢の人々のために、彼女が過度に疲労するのではないかとメスマー氏は怖れ、用心のために彼女との面会を中止することにした。同氏に対する論敵たちはこれに付け込み、若い女性に治癒の真実性について疑うような質問を向けたが、彼女はうまくかわすことができず無力だった。しかし、眼の器官が完全な状態であること、また彼女が辛抱強く努めて眼を使うようにすれば、もっと楽に眼を使えるようになるとメスマー氏は言明した。

――パラディース氏の証言は以上である。

【原注】

以下（G. F.）と記されたものは、ギルバート・フランカウによる注であり、それ以外はメスマーによる注である。

（注1）たぶん鉄分を含んだ鉱泉のことであろう。（G. F.）

（注2）動物磁気および起電盤に関するド・キンスキー伯宛ての書簡。『ボヘミアの科学者たちの紀要』第二巻（一七七六）所収。翌年、ウィーンでも別刷りで印刷され出版された。

（注3）一七七八年初頭、『磁気で治癒される症例集大成』がライプツィヒで出版された。この大部の集大成――私はその編纂者について知らされていないが――は、私の学説に賛否両論の報告書や著書を偏見なく、忠実に集めたものとして唯一称賛に値する。

（注4）「付記・ミス・パラディースの症例」参照。（G. F.）

（注5）英訳協力者V・R・マイヤーズによれば、メスマーの原文「3 à 4 lignes」に関して明確に表記できることは何もないという。これは「3 to 4 lines」と訳せるが、古いフランス語の度量で考えると、メスマーは「3 to 4 lignes」を意味したとも考えられる。この場合には今日の度量では「七ミリから九ミリ」と訳すのが妥当である。（G. F.）

（注6）私の敵対者たちは、私を貶めようと絶えず狙っていて、フランスに私が到着すると、時を置かず直ちに私についての警告を言いふらしたのだった。彼らはわ

ざわざロンドン医師会に掛け合って、定期刊行物『ジュルナル・アンシクロペディック』（一七七八年三月号、五〇六頁）に、匿名の手紙を掲載させた。イルサンギュおよびランツァアー地域担当のヘル氏は、この名誉毀損の文書の掲載者として自分の名前を入れるのを躊躇しなかった。にもかかわらず、ヘル氏の方から私に連絡がなく、後にパリで彼に会ったとき謝罪された。この手紙の不誠実さ、矛盾、悪意は、これをよく調べてみれば分かることだが、まったく軽蔑に値する。

（注7）これらの同じ命題は、レーゲンスブルク議会への英国公使エリオット氏によってロンドン王立協会に転送された。ミュンヘンおよびレーゲンスブルクで、同氏の前で様々な実験を行った後、彼自身の要請に従って、同議会の大臣宛てにこれらの命題が伝えられた。

（注8）「主張すべき」は原著では記されていないが、文脈から判断して英訳者によって、

付け加えられた。（G. F.）

（注9）この英訳（原書四五頁）に記されているように、メスマーの原文に対する付記として始まる。（G. F.）本書・日本語訳、一一七頁参照。

（注10）たぶん有名な「杖」（wand）のことであろう。（G. F.）

日本語訳者あとがき

広本勝也

フランツ・アントン・メスマーは「オカルト的な神秘主義の継承者でもなければ、来るべきロマン主義的な精神の未発達な子孫でもなく、啓蒙主義の産んだ真の子どもである」と批評家フランク・A・パティーは言い、バーンハート・ミルトのことばを引用している。「多くのロマン主義者がメスマーの教義に興味を抱いてきたが、彼をロマン主義者とみなすすべての試みは誤解に基づいている。彼は自分の教義の物理的な性格を決して疑うことがなかった。自分の治療が『精神を通じての治癒』によるものだという考えを、『根拠のない意見』だとみなしていた（注1）」。

確かにメスマーは、神秘思想家でもなく魔術師でもなかった。彼の提唱した「動物磁気」は希薄な物質あるいはエネルギーのようなもので、気功で活力の源と考えられる「気」やヨガの呼吸法の「プラーナ」に通じるところがある。しかし、彼は常にそれを物質的な概念で説明し、自分の施術が物理療法だと信じていた。現代の療法師クレア・ミンギンスによれば、「メスマーは著述の中で、ニュートン、ヒポクラテス、その他の人物を挙げている。注目すべきは、彼が自分の理論や動物磁気の『発見』に、パラケルスス的な伝統やオカルト的な材原の影響についてまったく述べていないことである。彼はそのような思考に対して距離を置きたいと考え、当時の科学と自分との関係を重視していた（注2）」。

ただし彼の施術には、深層心理の分野に通じるような治療がなかったとは言い切れない。「メスマーによって開発された、このいわゆる動物磁気、人と人の相互交流の体系は催眠術（ヒプノーシス）や他の癒しの様式、とりわけ手技によるヒーリング効果との関連で重要である」。「ケルナーによってこの非凡な『驚異の人物』と呼ばれたメスマー、彼の考え、彼の人生は、私たち、特にあらゆる種類のセラピーの行為、とりわけ催眠術（ヒプノセラピー）に携わる人々に多くのことを今日でも教えてくれる」とミンギンスは語っている。(注3)

メスマーの名を冠した英語の形容詞「催眠術の」(mesmeric)、名詞「催眠術」(mesmerism)、動詞「催眠術をかける」(mesmerize) などのことばは、これらの用語が使われるようになってからその意味を変えていない。医学および心理学の歴史のなかで、きわめて重要な位置を占める人物メスマーへの後世の賛辞だと言えよう。

しかし、ウィーン出身の特異な医師メスマーについては、まだ多くのことが知られていない。また、彼が動物磁気を発見したと主張することで、ルイ一六世治下のフランス国民の耳目を驚かせたことについても解明されてこなかった。このような人物について、重要な事実を明らかにしたのがギルバート・フランカウ編『ドクター・メスマーによるメスメリズム』である。メスマーの理論・治療・人生について知るための基本文献の一つでありながら、今まで日本語に翻訳されてこなかった。フランカウは人気のある小説家として知られ、ストーリーの筋運びに定評がある。彼の小説は、精神医学の主な分野での作者の深い知識や人間感情の源泉への卓越した洞察を反映している、と言われている。本書は、*Mesmerism by Doctor Mesmer; ed. Gilbert Frankau*（London: Macdonald, 1948）を底本に、一七七九年に公表されたメスマーの『覚書』全体を初めて日本語に翻訳したものである。

同書は主に二つの部分に分けられる。前半は編者フランカウによる序論であり、メスマー自身の顕著な業績だけでなく、メスマーを二〇世紀まで結びつける系譜のなかで、「近代心理学の父」とみなしてもよいとする歴史的証拠を挙げている。

後半は、一七七九年、ジュネーヴで印刷され、パリの書肆ピエール＝フランソワ・ディドー二世によって出版されたメスマーの著書『動物磁気の発見に関する覚書』の英語訳である。巻末には「二七の命題」というメスマー自身による学説の要約、および「ミス・パラディースの症例」という臨床記録が「付記」として収められている。

一九四八年、小説家フランカウは自分の小説の調査に携わる過程で、個人所蔵の同書を借り出すことができた。医学史上の重要性を認め、門外漢ではあるが、自分で翻訳しようという野心に駆られた。が、一八世紀のフランス語に関しては、専門家の助けなしには果たし得ないと思い到り、ベルリッツ語学学校の校長V・R・マイヤーズの助力を得て英語訳が完成した。

フランカウの解説やメスマー自身の論文に記されているように、メスマーは「動物磁気」という造語を初めて用いた人物である。彼は人間の身体と精神に内在する癒しの効果として、動物磁気を発見したと言われている。彼は身体を磁気に類似するもの、あるいは磁気化されるものと考えた。人間が磁気化されることで、自然の癒しの過程が助けられ促進されるとみなしたのである。

彼の学説によると、①人間の体は、すべて宇宙の惑星の影響のもとにある。宇宙には、磁気を帯びた精妙な流動体が充満し、人間の体に影響を及ぼす媒介となっている。②磁気的流動体は色や匂いのない一種のガスであり、蓄積したり移動したりすることができる。③人体内でこの流動体の均衡が失われると病気になる。③施術者は患者との「ラポール」（交流関係）を通じて、動物磁気と呼ばれるこの流動体を流し込むことにより、「分利《クリーズ》」（発作的急変）を起こさせ病気を治療する。神経の病気には直接的な効果があり、他の病気には間接的な作用が認められる。

このような動物磁気説は、メスマーの名高い弟子ピュイゼギュールやその信奉者ジョゼフ・ドゥルーズなどによって熱心に受け継がれた。継承者の考えでは、動物磁気は自然の力を用いて自然を規制し方向付ける。自然を助ける手段、力を再活性化する手段、自然の循環の手助けとしての平衡感覚を確立する手段だった。小説家ヴィクトル・ユゴーは、『レ・ミゼラブル』の「哲学的序文」のなかで、医学界がメスマーやピュイゼギュール、そして彼らの後継者ドゥルーズの想像的な研究の認可を拒み、医学の進歩を妨げたことに対して不満を抑えられなかった。「医学は磁気的なトランス、人為的な強梗《きょうこう》、そして千里眼を目の当たりにして蒼ざめた」。医学は知識への鍵となる代わりに、そのドアを閉ざしたのだ。(注4)

また、一九世紀後期ロンドンで、動物磁気に基づく「自然治癒」を提唱したD・ヤンガーは『磁気的かつ植物的ホームドクター』（一八八七）のなかで述べている。「癒しの真の力は身体的、精神的な力の行使ではなく、微妙な心霊的な力の発達によって得られ、これは多かれ少なかれすべての人間に備わっている。この力が自然の要素を結びつけ、あらゆる生物や無生物に浸透して、何らかの形で宇宙のすべての原子に賦与されている、と私は固く信じている」(注5)。このように磁気治療者は自然を助ける、自然と共に働くが、自然をそれ自身の法則に委ねれば、より効果的に治癒を促進できると考える。これはメスマー的理論の初期から共通する治療法だった。

当初メスマーが想い描いたのは、鉄の棒を磁石化するためにはそれを磁石で撫ぜればよい、ということだった。動物磁気の施術者は最初の磁石のようなものであり、被験者は鉄の棒のように磁気化される。しかし、メスマーは鉱物的な磁気と動物磁気が、実際にはまったく異なる治療の過程であることに気付き、一七七六年以降、前者を実践することを止め、動物磁気という独自の着想のもとに施術にあたった。

メスメリズム（メスマー的理論）は古い文献にあるシャーマン的、呪術的な治療法が近代の精神分析となり、フェイス・ヒーラーによる信仰治療がクリスチャン・サイエンスと結びついて、太古の迷信がスピリチュアリズムや気功と融合するその中間点にある。メスマーの系譜としては、ピュイゼギュール、ドゥルーズ、ド・ヴィレール、ヴィレー、カール・フォン・ライヘンバッハ、ノワゼ、ファリア、ベルトラン、シャルピニオンなどを挙げることができる。その後、ヒプノ（催眠術）時代のブレイド、ナンシー学派、シャルコーを経て、フロイトの精神分析へ到る。

ドゥルーズは書いている。「一人の人間が他の一人の人間に作用するためには、両者の間に精神的、身体的な共鳴が存在しなければならない。というのも、すべての磁気化された身体の持ち主の間には、よい効果を受け取りたいと願う者に対して、有益な行いをしたいと願う者との共鳴関係が波動の回路を通じて確立されているからだ。あるいは彼ら双方を支配する思考や願望によって、彼らの間に回路が開かれ情感の交流が形成される。二人の個人の間で、この共鳴あるいは共振が確立されると、両者は交感関係にあると言える」(注6)。共鳴と交感は動物磁気のなかで密接に結ばれた重要な概念である。

ライヘンバッハは、一〇〇人以上の人々にメスマー的な治療を施して「人間の身体は磁石と同じ作用を及ぼす」と言明している。彼はこの波動のような作用を「オドの光」と呼び、適切な条件のもとで一定の人々には、目に見える光背として感知されるという。また、D・ヤンガーは語っている。「数条の青光りのようなものが、私の指から発光するのを見た、と被験者たちは証言している」(注7)。このような磁気的な超能力には科学的な根拠はなく、どこまで信頼できるかは疑問であり、メスマー自身の教義とも異なるが、後世の施術者がメスメリズムの影響のもとに、超心理学的な自説を発展させたと考えられる。

メスマー自身は催眠術師を自称したことはなかった。が、体内を流れる磁気についての学説を体系化し、患者の精神、とりわけ潜在意識に働きかける治療を無意識のうちに取り入れていたのではないか、と考えられる。メスマーの死後、神秘的な性格や魔術性が取り除かれ、彼の学説および施術が継承されつつ、彼の意図を超えて心理的な治療に応用されて、二〇世紀初期のフロイト的な精神分析につながっていく。催眠学との関係でメスマーの理論は重要な足掛かりとなり、その名前が忘れ去られることはない。『動物磁気の発見に関する覚書』は、彼の研究成果を説き示す理論的な基礎であり、前述のように、フランス語のこの原著を最初に英語に訳したのがギルバート・フランカウであり、本

書はその初めての日本語訳である。(注8)

動物磁気に関する古い文献の中には、研究の対象となる意義や価値のある宝石もあれば、まったく輝きも価値もない鉄屎もある。フランカウは英訳するに際して、今までの数多くの文献を渉猟し、メスマーの学説について、基本的な概要と系譜を明らかにする序論を付けた。彼の序論はそれ自体がすぐれた論文であり、医学史上、均衡の取れた視野のなかでメスマーを再評価しており、宝石の滴りのような光を放っている。

また、メスマーの『覚書』は、実用的な施術の指南書ではないが、身体・精神のホリスティックな健康哲学の要諦を内包し、究極的なライフ・サイエンスの手引書だと言ってもよい。メスマー的なこの簡単な治療が科学のすべてであり、新しい生命、新しい世界であって、そこには多種多様の現象が生まれる、と信じるメスマー的理論の実践者は多い。

生前のメスマーと親交があったユスティヌス・ケルナーは、コンスタンツ湖畔のメーアスブルクに葬られた故人の墓所を訪ねた。彼は「ハーモニカを奏でてくれたまえ」というメスマーの辞世のことばを題とする詩を書き、野茨の下で眠る賢者メスマーの人生について瞑想し、その人柄を讃えている。「空気、大地、森、そして明るい牧場」――このような大自然からメスマーは創造的な活力を吸収し、多くの人々を癒すことができた。彼の精神は「故郷の湖のように深く清澄だった」という。

最後になったが、本書の刊行にあたり、鳥影社・編集部の皆様には大変お世話になってしまった。ここに記して、心から感謝の意を表したいと思う。

【注】

（注1） Frank A. Pattie, "Mesmer's Medical Dissertation and Its Debt to Mead's *De Imperio Solis ac Lunae*," *Journal of the History of Medicine and Allied Sciences*, Vol. 11, No. 3 (July, 1956), pp. 286-287.

（注2） Clare Mingins, in *Justinus Kerner: Franz Anton Mesmer*, p. 17.

（注3） Ibid., p. 11.

（注4） Maria M. Tatar, *Spellbound: Studies on Mesmerism and Literature* (Princeton: Princeton Univ. Press, 1978), pp. 158-159.

（注5） D. Younger, *The Magnetic and Botanic Family Physician* (London: E. W. Allen, 1887), p. 7.

（注6） Mingins, p. 6.

（注7） Younger, pp. 13-14.

（注8）　我が国でのメスメリズムへの関心は早く、すでに明治一八年、メスマー他著、鈴木万次郎訳述『動物電気概論』（出版者・岩藤錠太郎）が上木されている。メスマーの論文・著書の忠実な翻訳というわけではなく、鈴木氏のまとめた治療法のなかにメスメリズムが紹介されている。催眠術を用いる実際的な指針として、①「使電者」（施術師）と「受電者」（被術者）の間に「充分ナル交通ヲ起ス」こと、すなわち「電気的な」交流関係を確立すること、②施術師と被術者の間に「輪回通手《パス》」という交流の回路を開くこと――などが説かれている（三六―四二頁）。

ちなみに同氏の理論によれば、疾病は人体における「動物電気」の分量の不足に起因する。従って、患者（被術者）には電気の平均的な分量を回復させなければならない。神経に必要な電気を送るための治療を施すにあたって、まず被術者は自分の意志で能動的かつ積極的に動くのではなく、施術師を受け入れる受動的かつ消極的な精神が求められる。

そして次のような手順が推奨される。①施術師は親指で、被術者の肘骨神経を柔らかく押す。②お互いにじっと両眼を見つめ合う。③施術師は相手の眼を閉じさせ、瞼の上を数度撫ぜる。④施術師は自分の左手を相手の頭に置く。⑤その後、施術師はその左手の親指で、しっかりと自分の額の下部にある器官（眉と眉の間）を押す（この器官が体中の各部に感覚を伝送するのである）。⑥施術師は自分の親指で相手の肘骨神経を押して、暗示を与える。「汝ハ両眼ヲ開キ能ハザル可シ」（二二一―二二八頁）。

参考文献

Spence, Lewis. *An Encyclopaedia of Occultism* (London: George Routledge and Sons, 1920).

Goldsmith, Margaret. *Franz Anton Mesmer: The History of an Idea* (London; Arthur Barker, 1934).

Hort, G. M., Ince, R. B., and Swainson, W. P. *Three Famous Occultists: Dr. John Dee, Franz Anton Mesmer and Thomas Lake Harris* (London: Rider & Co., 1939).

Wydenbruck, Nora. *Doctor Mesmer* (London: John Westhouse, 1947).

蔵内宏和、前田重治著『現代催眠学――暗示と催眠の実際』（慶應通信、一九六〇）

高橋義夫、中山誠、佐々木斐夫訳『ツヴァイク全集10　精神による治療』（みすず書房、

一九六三）
L・シェルトーク、R・ド・ソシュール著、長井真理訳『精神分析学の誕生――メスメルからフロイトへ』（岩波書店、一九八七）
ロバート・ダーントン著、稲生永訳『パリのメスマー――大革命と動物磁気催眠術』（平凡社、一九八七）
ジャン・チュイリエ著、高橋純、高橋百代訳『眠りの魔術師メスマー』（工作舎、一九九二）
ヴィンセント・ブラネリ著、井村宏次、中村薫子訳『ウィーンから来た魔術師――精神医学の先駆者メスマーの生涯』（春秋社、一九九二）
マリア・M・タタール著、鈴木晶訳『魔の眼に魅されて』（国書刊行会、一九九四）

〈著者紹介〉

フランツ・アントン・メスマー（Franz Anton Mesmer, 1734-1815）

オーストリアの医師。ウィーン大学で医学を修め、『人体への惑星の影響について』（1766）という博士論文を提出した。宇宙には磁気が偏在するという仮説のもとに「動物磁気」説を提唱。ウィーンやパリで行った治療は暗示療法の先駆けと考えられ、後にメスメリズムと呼ばれるようになった。

〈編者・英語訳者紹介〉

ギルバート・フランカウ（Gilbert Frankau, 1884-1952）

イギリスの小説家。パブリック・スクールの名門イートン・コレッジ卒業。第一次世界大戦で出征し前線で戦った。第2次世界大戦でも従軍。

作品は *Love Story of Aliette Brunton*（1922）、映画化された *Christopher Strong* (1932)、*Royal Regiment*（1938）、*World without End* (1943)、*Michael's Wife* (1948）など、多数ある。

〈日本語訳者紹介〉

広本勝也（ひろもと　かつや）

慶應義塾大学大学院博士後期課程満期退学。

現在、慶應義塾大学名誉教授。専門は米英の詩と演劇全般。

〈論文〉「仮面劇の起源と原型」（植月恵一郎編『英文学のディスコース』北星堂書店、2004）、「正岡子規と H. Spencer――『文体の哲学』について」（『比較文化研究』No. 98、2011）、「シルヴィア・プラス――軽薄と絶望」（『慶應義塾大学日吉紀要：英語英米文学』No. 61、2012）、他。

メスメリズム

――磁気的セラピー――

2023年3月31日初版第1刷発行

著　者　フランツ・アントン・メスマー

編　者　ギルバート・フランカウ

訳　者　広本勝也

発行者　百瀬精一

発行所　鳥影社 (choeisha.com)

〒160-0023 東京都新宿区西新宿3-5-12トーカン新宿7F

電話 03-5948-6470, FAX 0120-586-771

〒392-0012 長野県諏訪市四賀229-1（本社・編集室）

電話 0266-53-2903, FAX 0266-58-6771

印刷・製本　モリモト印刷

ISBN978-4-86782-010-0　C0011